# HER ŞEY MEŞGUL ANNELER YEMEK KİTABI

Meşgul Anneler ve Aileleri İçin 100 Kolay ve Besleyici Tarifle Yemek Planlamayı Bir Esinti Haline Getirin

Ümran Yavuz

Telif hakkı Materyal ©2023

Her hakkı saklıdır

Feragatname

Bu Kitapta yer alan bilgilerin, bu Kitabın yazarının hakkında araştırma yaptığı kapsamlı bir stratejiler derlemesi işlevi görmesi amaçlanmaktadır. Özetler, stratejiler, ipuçları ve püf noktaları yalnızca yazar tarafından tavsiye edilir ve bu Kitabı okumak, kişinin sonuçlarının yazarın sonuçlarını tam olarak yansıtacağını garanti etmez. Kitabın yazarı, Kitabın okuyucularına güncel ve doğru bilgiler sağlamak için makul olan tüm çabayı göstermiştir. Yazar ve ortakları, bulunabilecek kasıtsız hata veya eksikliklerden sorumlu tutulamaz. Kitaptaki materyaller üçüncü kişilerden alınan bilgileri içerebilir. Üçüncü taraf materyalleri, sahipleri tarafından ifade edilen görüşleri içerir. Bu nedenle, Kitabın yazarı herhangi bir üçüncü taraf materyali veya görüşü için sorumluluk veya yükümlülük kabul etmez.

# İÇİNDEKİLER

| | |
|---|---|
| **İÇİNDEKİLER** | **3** |
| **GİRİİŞ** | **7** |
| **KAHVALTI** | **8** |
| 1. Keten ekmeği | 9 |
| 2. Fıstık ezmeli pankek | 11 |
| 3. Şuruplu Kızılcık Krepleri | 13 |
| 4. Portakallı balkabaklı pankek | 16 |
| 5. Çilekli akçaağaç çörekler | 18 |
| 6. Ispanaklı tofu karışımı | 20 |
| 7. Amaranth kinoa lapası | 22 |
| 8. Miso ramen | 24 |
| 9. Tofu börek | 26 |
| 10. Vejetaryen protein barı | 28 |
| 11. Portakallı balkabaklı pankek | 30 |
| 12. Tatlı patates ve meyveler | 32 |
| 13. Kabak ekşi mayalı krep | 34 |
| 14. Çilekli akçaağaç çörekler | 36 |
| 15. Ispanaklı tofu karışımı | 38 |
| 16. Gecelik chia yulaf | 40 |
| 17. Amaranth kinoa lapası | 42 |
| 18. Kakaolu mercimekli muffin | 44 |
| 19. Mantarlı nohutlu krep | 46 |
| 20. Tatlı patates kızartması | 49 |
| **ATIŞTIRMALAR** | **51** |
| 21. Yeşil proteinli atıştırma kabı | 52 |
| 22. Quinoa çörek ısırıkları | 54 |
| 23. PB ve J Enerji ısırıkları | 56 |

24. Kavrulmuş havuçlu humus — 58
25. Şişirilmiş kinoa barı — 60
26. Kabuklu edamame sosu — 62
27. Matcha kaju bardakları — 64
28. Nohut çikolata dilimleri — 66
29. Tatlı yeşil kurabiyeler — 68
30. Proteinli çörekler — 70
31. Bal-susamlı tofu — 72
32. Akçaağaç cevizli yağ bomba çubukları — 74
33. Karnabahar mezeleri — 76
34. Seitan Pizza Kapları — 78
35. Izgara Seitan ve Sebze Kebapları — 80
36. Quinoa çörek ısırıkları — 82
37. PB ve J Enerji ısırıkları — 84
38. Kavrulmuş havuçlu humus — 86
39. Matcha kaju bardakları — 88
40. Bal-susamlı tofu — 90

# ANA DİL — 92

41. Shiitake ve Peynirli burger güveci — 93
42. Fırında Jambalaya Güveç — 95
43. Patlıcan ve Tempe Doldurulmuş Makarna — 97
44. Fasulye Soslu ve Erişteli Fasulye Loru — 99
45. Cajun Tarzı Tofu — 101
46. Parmesanlı Kabak Eriştesi — 103
47. Kinoa nohut Buda kasesi — 105
48. Erişte ile yapışkan tofu — 108
49. Turuncu Gremolata Soslu Izgara Uskumru — 110
50. Malezya Balığı ve Körili Bamya — 112
51. Konserve Limonlu Kuskuslu Ton Balıklı Biftek — 115

| | |
|---|---|
| 52. Rezene, Havuç ve Limonlu Fırında Çipura | 118 |
| 53. Sarımsaklı ve Biberli Karidesler | 120 |
| 54. Çin Usulü Fırında Levrek | 122 |
| 55. Limonlu Mayonezli Tuzlu ve Pembe Biberli Karides | 125 |
| 56. Safran Mayonezli Kızarmış Barlam | 127 |
| 57. Nane Yoğurtlu Safranlı Tavuk Bazlama | 130 |
| 58. Fas Tavuğu Tavuğu | 133 |
| 59. Manda Tavuğu ve Mavi Peynir Sosu | 136 |
| 60. Yabani Sarımsak Hindi Kievleri | 139 |
| 61. Sarımsaklı Pilavlı Çin Usulü Zencefilli Tavuk | 142 |
| 62. Romesco Soslu Çıtır Tavuk Butları | 145 |
| 63. Tay Acı Biber ve Fesleğenli Tavuk | 148 |
| 64. Tavuk Ramen | 151 |
| 65. Pak Choi ile tavada kızartılmış Ördek Göğsü | 154 |
| 66. Pancetta sarılı Havuçlu Gine Tavuğu | 156 |

## ÇORBALAR — 159

| | |
|---|---|
| 67. Peynirli Tostlu Karnabahar Çorbası | 160 |
| 68. Tavuk ve Shiitake Noodle Çorbası | 163 |
| 69. Ezilmiş Cevizli Kereviz ve Elma Çorbası | 166 |
| 70. Baharatlı Kabak ve Mercimek Çorbası | 168 |

## MAKARNA VE TAHILLAR — 171

| | |
|---|---|
| 71. Parmesan Cipsli Cacio e Pepe | 172 |
| 72. Domates, Mascarpone ve Pancetta Rigatoni | 174 |
| 73. Nduja ve Kiraz Domatesli Linguine Vongole | 177 |
| 74. Yengeç ve Kabak Spagetti | 180 |
| 75. Kahverengi Tereyağı, Bezelye ve Adaçayı ile Farfalle | 182 |
| 76. Çam Fıstıklı Porcini Tagliatelle | 184 |
| 77. Hindi Köfteli Safranlı Orzo | 187 |
| 78. Kore Usulü Karides Kızarmış Pilav | 190 |

## SALATALAR VE YANLAR 193

79. Yeşil Fasulyeli Filizler 194

80. Mantarlı pilav 196

81. Kızarmış lahana filizi 198

82. Izgara Sebzeler 200

83. Karışık yeşil salata 202

84. Tofu ve bok choy salatası 204

85. Tay kinoa salatası 206

86. Soba Noodle, Kabak ve Kahverengi Karides Salatası 208

87. Sarımsaklı Krutonlu Kale Sezar Salatası 210

88. Sıcak Patlıcan, Domates ve Burrata 213

89. Hellim, Kuşkonmaz ve Yeşil Fasulye Salatası 215

90. Keçi Peynirli Pancar Salatası 218

91. Vietnam Köfte Noodle Salatası 221

92. Asya Ördeği Salatası 224

93. Sıcak Patates Salatası ile Tavada Somon 227

94. Dumanlı nohut ton balıklı salata 230

## TATLILAR 232

95. Kişniş infüzyonlu avokado misket limonu şerbeti 233

96. Vişneli ve çikolatalı çörekler 235

97. Rustik Yazlık Turta 237

98. Çikolatalı amaretto fondü 239

99. Ahududu soslu turta 241

100. Burbonlu meyve topları 243

## ÇÖZÜM 245

# GİRİİŞ

Birçok meşgul anne, masaya lezzetli ve sağlıklı bir ev yapımı yemek getirmenin zorluğundan korkar. Bu kitap, hızlı ve doyurucu yemekler için harika seçimler içeriyor ve kreplerden dünyanın en iyi keklerine kadar çok çeşitli kahvaltı favorilerini ve Safran Tavuğu gibi kolay ama doyurucu akşam yemeklerini içeriyor.

Meşgul Annenin Yemek Kitabı, mutfakta saatler harcamadan ailesi için lezzetli ve sağlıklı yemekler hazırlamak isteyen anneler için mükemmel bir rehber. Bu yemek kitabı, her biri kendi renkli görüntüsüne sahip, takip etmesi kolay 100 tarif içerir ve yemek planlamayı çocuk oyuncağı haline getirir. Kahvaltıdan akşam yemeğine ve aradaki her şeye, bu yemek kitabı sizi hem besleyici hem de lezzetli tariflerle donatıyor. Her diyet ihtiyacına yönelik seçeneklerle, glütensiz, vejetaryen ve vegan yemeklerin yanı sıra mac ve peynir ve tavuk fajitaları gibi aile dostu favoriler için tarifler bulacaksınız. Her tarif, ayrıntılı bir içerik listesi, net talimatlar ve tahmini hazırlık ve pişirme süreleri içerir, böylece yemeklerinizi yoğun programınıza göre kolayca planlayabilirsiniz.

Her şey Her şey meşgul anneler yemek kitabi's Her şey meşgul anneler yemek kitabi meşgul ebeveynlerin özel ihtiyaçlarına yönelik yıldız kalitesinde mutfak uzmanlığına sahiptir. Afiyet olsun!

# KAHVALTI

## 1. **keten ekmeği**

5 yapar
## İÇİNDEKİLER:
- 1 su bardağı Altın Keten Tohumu Küspesi
- 2 Yemek Kaşığı Chia Tohumu
- 2 çay kaşığı Zeytinyağı
- ½ çay kaşığı Köri Tozu
- 1 su bardağı Filtrelenmiş Su
- 1 tatlı kaşığı Hindistan cevizi unu

## TALİMATLAR:
Büyük bir karıştırma kabında, tüm kuru malzemeleri iyice birleştirinHindistan cevizi unu ve zeytinyağının yarısı hariç.

a) Karışım katı bir top oluşturana kadar iyice karıştırın.
b) Hamurun üzerine hindistan cevizi unu serpin ve merdane ile hamuru açın.
c) Tortillanızı geniş yuvarlak bir aletle kesin.
d) 1 çay kaşığı zeytinyağını orta-yüksek ateşte bir tavada ısıtın. Yağ kızdıktan sonra tortillayı ilave edin ve istenen kızarma elde edilene kadar kızartın.

## 2. Fıstık ezmeli gözleme

6 yapar

**İÇİNDEKİLER:**
- 1 ¼ su bardağı Çok Amaçlı Un
- 3 Yemek Kaşığı Beyaz Toz Şeker
- 1 yemek kaşığı Kabartma Tozu
- ¼ çay kaşığı Tuz
- 1 su bardağı Soya Sütü
- 1 Keten Yumurta
- ¼ fincan Fıstık Ezmesi
- ⅔ su bardağı çikolata parçaları
- Hindistan cevizi yağı, kızartmak için

**TALİMATLAR:**
a) Unu bir karıştırma kabına eleyin ve şekeri, kabartma tozunu ve tuzu ekleyin.
b) Birleştirmek için soya sütü, keten yumurtası ve fıstık ezmesini ekleyin ve çırpın.
c) En son damla çikolataları ekleyip karıştırın.
d) Çeyrek bardak hamuru biraz hindistancevizi yağı ile bir tavada pişirin.
e) Her gözlemeyi her iki tarafta yaklaşık 3 dakika veya altın rengi kahverengi olana kadar pişirin.

## 3. Şuruplu Kızılcık Krepleri

4 ila 6 porsiyon yapar

**İÇİNDEKİLER:**
- 1 su bardağı kaynar su
- ½ su bardağı şekerli kurutulmuş kızılcık
- ½ bardak akçaağaç şurubu
- ¼ su bardağı taze portakal suyu
- ¼ bardak doğranmış portakal
- 1 yemek kaşığı margarin
- 1½ su bardağı çok amaçlı un
- 1 yemek kaşığı şeker
- 1 yemek kaşığı kabartma tozu
- ½ çay kaşığı tuz
- 1 ½ su bardağı soya sütü
- ¼ fincan yumuşak ipeksi tofu, süzülmüş
- 1 yemek kaşığı kanola veya üzüm çekirdeği yağı, ayrıca kızartmak için biraz daha

**TALİMATLAR:**

a) Fırını 225 derece Fahrenheit'e önceden ısıtın.

b) Isıya dayanıklı bir kaba kızılcıkların üzerine kaynar suyu dökün ve yumuşaması için 10 dakika bekletin. Suyunu iyice süzün ve bir kenara bırakın.

c) Akçaağaç şurubu, portakal suyu, portakal ve margarini küçük bir sos tenceresine alıp kısık ateşte sürekli karıştırarak margarini eritin.

d) Un, şeker, kabartma tozu ve tuzu büyük bir karıştırma kabında karıştırın.

e) Soya sütü, tofu ve yağı bir mutfak robotu veya karıştırıcıda pürüzsüz olana kadar karıştırın.
Birkaç hızlı vuruşla ıslak malzemeleri kuru malzemelerle karıştırın. Yumuşayan kızılcıkları katlayın.

f) Orta-yüksek ateşte bir kalbur veya büyük tavada ince bir yağ tabakasını ısıtın. ¼ fincan ila ⅓ fincan hamur sıcak kalbur üzerine dökülmelidir.

g) 2 ila 3 dakika veya yüzeyde küçük kabarcıklar çıkana kadar pişirin.

h) Krepin ikinci tarafı kızarana kadar yaklaşık 2 dakika daha pişirin.

i) Kızarmış pankekleri ısıya dayanıklı bir tabağa koyun ve kalan kısmı bitirene kadar fırında sıcak tutun. Yanında portakal-akçaağaç şurubu ile servis yapın.

4. **portakallı kabak tatlısı**

4 yapar

**İÇİNDEKİLER:**
- 10 gr öğütülmüş keten unu
- 45 ml su
- 235 ml şekersiz soya sütü
- 15 ml limon suyu
- 60 gr karabuğday unu
- 60 gr çok amaçlı un
- 8 g kabartma tozu, alüminyum içermez
- 2 çay kaşığı ince rendelenmiş portakal kabuğu
- 25 gr beyaz chia tohumu
- 120 gr organik kabak püresi
- 30 ml eritilmiş ve soğutulmuş hindistancevizi yağı
- 5 ml vanilya ezmesi
- 30 ml saf akçaağaç şurubu

**TALİMATLAR:**
a) Küçük bir kapta, öğütülmüş keten unu ve suyu birleştirin. Kenara koyun.
b) Orta karıştırma kabında badem sütü ve elma sirkesini birleştirin. Beş dakika kenara koyun.
c) Karabuğday unu, çok amaçlı un, kabartma tozu, portakal kabuğu rendesi ve chia tohumlarını ayrı bir büyük karıştırma kabında birleştirin.
d) Karışıma badem sütü, kabak püresi, hindistancevizi yağı, vanilya ve akçaağaç şurubu ekleyin.
e) Pürüzsüz bir hamur oluşana kadar her şeyi karıştırın.
f) Büyük bir yapışmaz tavada, tereyağını orta-yüksek ateşte eritin. Tavaya az miktarda hindistancevizi yağı sürün.
g) Bir tavada 60 ml hamur dökün. 1 dakika veya gözleme yüzeyinde kabarcıklar oluşana kadar pişirin.
h) Spatula kullanarak gözlemeyi yavaşça kaldırın ve çevirin.
i) 1 ½ dakika daha pişirin.

## 5. Çilekli akçaağaç çörekler

2 yapar

## İÇİNDEKİLER:
- 2 su bardağı yulaf unu.
- ⅓ su bardağı badem sütü.
- 1 su bardağı çilek
- Bir avuç kuru üzüm.
- 5 yemek kaşığı hindistan cevizi yağı.
- 5 yemek kaşığı akçaağaç şurubu.
- 1 yemek kaşığı kabartma tozu.
- 1 ½ çay kaşığı vanilya özü.
- 1 tatlı kaşığı tarçın.
- ½ çay kaşığı kakule (isteğe bağlı).
- Tuz serpin.

## TALİMATLAR:
a) Hindistan cevizi yağını yulaf ununa ekleyin ve ufalanan bir hamur oluşana kadar bir çatalla karıştırın.
Soğuyunca çilek parçalarını ve kuş üzümünü ekleyin, ardından tüm ıslak malzemeleri yavaşça ekleyin.
b) Parşömen kağıdı ile kaplanmış bir fırın tepsisine hamurdan bir daire oluşturun - yaklaşık 1 inç kalınlığında olmalıdır.
c) Sekiz üçgen parçaya böldükten sonra 15-17 dakika pişirin.
d) Özel bir muamele için reçel, bal veya fındık ezmesi ile servis yapın!

## 6. Ispanak tofu karıştırmak

1 yapar

**İÇİNDEKİLER:**
**EKŞİ KREMA:**
- 75 gr geceden ıslatılmış çiğ kaju fıstığı
- 30 ml limon suyu
- 5 gr besin mayası
- 60 ml su 1 tutam tuz

**TOFU KARIŞTIRMA:**
- 15 ml zeytinyağı
- 1 küçük soğan, doğranmış
- 1 diş sarımsak, kıyılmış
- 400 sert tofu, preslenmiş, ufalanmış
- ½ çay kaşığı öğütülmüş kimyon
- ½ çay kaşığı köri tozu
- ½ çay kaşığı zerdeçal
- 2 domates, doğranmış
- 30 gr bebek ıspanak
- Tuz, tatmak

**TALİMATLAR:**
a) Bir mutfak robotunda kaju fıstığı, limon suyu, besin mayası, su ve tuzu birleştirin.
b) 5-6 dakika veya pürüzsüz olana kadar yüksekte karıştırın ve bir kenara koyun.
c) Bir tavada, tofu karıştırmak için zeytinyağını ısıtın.
d) Soğanı atın ve orta-yüksek ateşte 5 dakika pişirin.
e) Sarımsağı ekleyin ve sürekli karıştırarak 1 dakika pişirin.
f) Ufalanmış tofuyu yağ ile kaplamak için karıştırın.
g) Kimyon, köri ve zerdeçal ekleyin.
h) Domatesleri ekleyin ve 2 dakika pişirin.
i) Ispanağı ekleyin ve sürekli karıştırarak 1 dakika veya tamamen solana kadar pişirin. Tofu karışımını bir tabağa koyun.
j) Üzerine bir parça ekşi krema ile servis yapın.

## 7. Amaranth kinoa lapası

1 yapar

**İÇİNDEKİLER:**
- 85 gr kinoa
- 70 gr amaranth.
- 460 ml su
- 115 ml şekersiz soya sütü
- ½ çay kaşığı vanilya ezmesi
- 15 gr badem ezmesi
- 30 ml saf akçaağaç şurubu
- 10 gr çiğ kabak çekirdeği
- 10 gr nar taneleri

**TALİMATLAR:**
a) Kinoa, amaranth ve suyu bir karıştırma kabında birleştirin.
b) Orta-yüksek ateşte kaynatın.
c) Ateşi kısın ve tahılları düzenli olarak karıştırarak 20 dakika pişirin. Sütü ve akçaağaç şurubunu ekleyin.
d) 6-7 dakika kısık ateşte pişirin. Ateşten alın ve badem yağı ve vanilya özü ile karıştırın.
e) Nar taneleri ve kabak çekirdeği ile süsleyin.

## 8. Miso ramen

## İÇİNDEKİLER:

- 5 yemek kaşığı miso ezmesi.
- 2 yemek kaşığı soya sosu.
- 2 ½ cm parça zencefil, rendelenmiş.
- 12 adet şitaki mantarı.
- 225 gr tütsülenmiş tofu, 4 parçaya bölün.
- 2 yemek kaşığı sıvı amino veya tamari.
- 250 gr soba eriştesi.
- 16 kulak bebek mısır.
- 1 yemek kaşığı bitkisel yağ.
- 8 çocuk pak choi.
- 200 gr yemeye hazır fasulye filizi.
- 2 kırmızı biber, ince bir açıyla dilimlenmiş.
- 2 taze soğan, dikkatlice açılı olarak dilimlenmiş.
- 4 yemek kaşığı çıtır yosun.
- 2 yemek kaşığı siyah susam.
- Bitirmek için 1 yemek kaşığı susam yağı.

## TALİMATLAR:

a) Geniş bir tencereye miso, 1,5 litre su, soya sosu, zencefil ve şitakiyi koyun. Misoyu karıştırmak için karıştırın, ardından çok hafif bir kaynamaya getirin. 5 dakika kaynatmaya devam edin.

b) Bu sırada tütsülenmiş tofuyu sığ bir kaseye koyun ve sıvı aminoyu üzerine dökün. Her iki tarafın da iyice ıslandığından emin olmak için tofu parçalarını ters çevirin.

c) Kaynatmak için bir tencereye tuzlu su getirin. Soba eriştelerini ekleyin, tekrar kaynatın ve yumuşayana kadar yaklaşık 5 dakika pişirin.

d) Çocuk mısırını miso suyuna ekleyin ve 4 dakika daha pişirin.

e) Yağı yapışmaz bir tavada yüksek ateşte ısıtın. Tofuyu yavaşça tavaya koyun ve kızarana kadar her iki tarafını 2-3 dakika pişirin.

f) Erişte pişer pişmez süzgeçte süzün ve soğuk su altında durulayın, ardından 4 servis kasesine bölün. Pak choi'yi miso suyuna ekleyin ve ocaktan alın.

## 9. Tofu börek

## İÇİNDEKİLER:

- 1 12 onsluk paket sert veya ekstra sert tofu.
- 1 çay kaşığı sıvı yağ (veya 1 yemek kaşığı (15 ml) su).
- 3 diş sarımsak (kıyılmış).
- 1 çorba kaşığı humus (mağazadan satın alınmış veya kendin yap).
- ½ çay kaşığı toz biber.
- ½ çay kaşığı kimyon.
- 1 çay kaşığı diyet maya.
- ¼ çay kaşığı deniz tuzu.
- 1 tutam acı biber.
- ¼ fincan kıyılmış maydanoz.
- Sebzeler:

## TALİMATLAR:

a) Fırını 400° F'ye (204° C) önceden ısıtın ve bir fırın tepsisini parşömen kağıdı ile kaplayın.

b) Fırın tepsisine patates ve kırmızı biber ekleyin, yağ (veya su) ve baharatlarla gezdirin ve birleştirmek için fırlatın. 15-22 dakika veya çatal yumuşayana ve biraz kızarana kadar pişirin. Son 5 dakikada lahana ekleyin.

c) Bu arada, büyük bir tavayı orta ateşte ısıtın. Sıcak olur olmaz yağı (veya suyu), sarımsağı ve tofuyu ekleyin ve 7-10 dakika sık sık karıştırarak hafif kahverengi olana kadar soteleyin.

d) Bu arada, küçük bir karıştırma kabına humus, kırmızı biber tozu, kimyon, besin mayası, tuz ve kırmızı biber (isteğe bağlı) ekleyin. Dökülebilir bir sos oluşana kadar su eklemeye devam edin. Baharat karışımını tofuya ekleyin ve hafifçe kızarana kadar orta ateşte pişirmeye devam edin - 3-5 dakika.

e) Kavrulmuş sebzelerin, çırpılmış tofu, avokado, kişniş ve biraz salsanın cömert kısımlarını ekleyin. Tüm garnitürler bitene kadar devam edin - yaklaşık 3-4 büyük burrito.

## 10. Vejetaryen protein barı

## İÇİNDEKİLER:

- ⅓ fincan amaranth
- 3 yemek kaşığı protein tozu
- 2 yemek kaşığı akçaağaç şurubu
- 1 su bardağı kremalı tuzlu fıstık veya badem ezmesi
- 2-3 yemek kaşığı eritilmiş bitter çikolata

## TALİMATLAR:

a) Büyük bir tencereyi orta-yüksek ateşte ısıtın. Bir seferde yaklaşık 2-3 yemek kaşığı amaranth ekleyin ve hemen örtün.

b) Orta karıştırma kabına fıstık veya badem ezmesi ve akçaağaç şurubu ekleyin ve bütünleştirmek için karıştırın. Ardından protein tozunu ekleyin ve karıştırın.

c) Gevşek bir "hamur" dokusu elde edene kadar her seferinde biraz patlamış amaranth ekleyin. Tahta bir kaşıkla karıştırın veya karışımı eşit şekilde dağıtmak için ellerinizi kullanın.

d) Karışımı pişirme yemeğine aktarın ve eşit bir tabaka oluşturmak için aşağı doğru bastırın. En üste parşömen kağıdı veya plastik sargı koyun ve karışımı aşağı doğru itmek ve düzgün, sıkıca paketlenmiş bir katman halinde paketlemek için sıvı ölçüm kabı gibi düz tabanlı bir nesne kullanın.

e) 10-15 dakika veya dokunulamayacak kadar sertleşene kadar dondurucuya aktarın. Kaldırın ve dokuz çubuğa dilimleyin.

**11. portakallı kabak tatlısı**

## İÇİNDEKİLER:

- 10 gr öğütülmüş keten unu
- 45 ml su
- 235 ml şekersiz soya sütü
- 15 ml limon suyu
- 60 gr karabuğday unu
- 60 gr çok amaçlı un
- 8 g kabartma tozu, alüminyum içermez
- 2 çay kaşığı ince rendelenmiş portakal kabuğu
- 25 gr beyaz chia tohumu
- 120 gr organik kabak püresi
- 30 ml eritilmiş ve soğutulmuş hindistancevizi yağı
- 5 ml vanilya ezmesi
- 30 ml saf akçaağaç şurubu

## TALİMATLAR:

a) Öğütülmüş keten yemeklerini küçük bir kapta su ile birleştirin. 10 dakika kenara koyun. Badem sütü ve elma sirkesini orta boy bir kapta birleştirin. 5 dakika kenara koyun.

b) Ayrı bir geniş kapta karabuğday unu, çok amaçlı un, kabartma tozu, portakal kabuğu rendesi ve chia tohumlarını birleştirin.

c) Balkabağı püresi, hindistancevizi yağı, vanilya ve akçaağaç şurubu ile birlikte badem sütüne dökün.

d) Pürüzsüz bir hamur elde edene kadar birlikte çırpın.

e) Büyük yapışmaz tavayı orta-yüksek ateşte ısıtın. Tavayı biraz hindistancevizi yağı ile hafifçe fırçalayın.

f) 60 ml hamuru tavaya dökün. Pankeki 1 dakika veya yüzeyde kabarcıklar görünene kadar pişirin.

g) Pankeki bir spatula ile yavaşça kaldırın ve çevirin.

h) 1 ½ dakika daha pişirin. Pankeki bir tabağa kaydırın. Kalan meyilli ile tekrarlayın.

**12. Tatlı patates ve meyveler**

## İÇİNDEKİLER:

- 1 tatlı patates
- 60 gr organik fıstık ezmesi.
- 30ml saf akçaağaç şurubu.
- 4 adet kuru kayısı, dilimlenmiş.
- 30 gr taze ahududu.

## TALİMATLAR:

a) Tatlı patatesi soyun ve ½ cm kalınlığında dilimler halinde kesin.
b) Patates dilimlerini 5 dakika yüksekte bir tost makinesine koyun. Tatlı patateslerinizi İKİ KEZ kızartın.
c) Tatlı patates dilimlerini bir tabağa dizin.
d) Fıstık ezmesini tatlı patates dilimlerinin üzerine yayın.
e) Akçaağaç şurubunu tereyağının üzerine gezdirin. Her dilimi eşit miktarda dilimlenmiş kayısı ve ahududu ile doldurun. Sert.

## 13. Kabak ekşi mayalı gözleme

Gece süngeri:
- ¼ fincan glütensiz ekşi maya başlangıç.
- ¼ su bardağı kabak püresi.
- ½ su bardağı nohut unu (veya başka herhangi bir glütensiz un).
- ½ su bardağı badem sütü.
- 1-2 yemek kaşığı akçaağaç şurubu.

Sabah:
- 1 keten yumurtası (1 yemek kaşığı öğütülmüş keten tohumu + 3 yemek kaşığı su).
- 1 tatlı kaşığı kabak baharatı.
- 1 tatlı kaşığı tarçın.
- ½ çay kaşığı zerdeçal.
- ¼ fincan ham kakao parçacıkları (veya günlük olmayan çikolata parçaları).
- Bir avuç dilimlenmiş ceviz (isteğe bağlı ancak şiddetle tavsiye edilir!).
- ½ çay kaşığı kabartma tozu.
- 1 tatlı kaşığı kabartma tozu.

**TALİMATLAR:**
Krep yapmadan önceki gece, gece süngerini yerleştirin.İÇİNDEKİLER:reaktif olmayan bir kaseye. İyice karıştırın, streç filmle örtün ve bir gece bekletin.

Sabah, pankekleri yapmadan önce, diğer tüm malzemeleri (kabartma tozu ve kabartma tozu hariç) gece pandispanyasına ekleyin. İyice karıştırın.

a) Yapışmaz bir tavayı orta ateşte ısıtın.

b) Hamura kabartma tozu ve kabartma tozunu ekleyin ve dikkatlice karıştırın.

c) Her pankek için tavaya ¼ fincan hamur koyun ve pankeklerin yüzey alanında kabarcıklar oluşana ve kenarları kuruyana kadar kızartın.

14. **Çilekli akçaağaç çörekler**

## İÇİNDEKİLER:
- 2 su bardağı yulaf unu.
- ⅓ su bardağı badem sütü.
- 1 su bardağı çilek
- Bir avuç kuru üzüm.
- 5 yemek kaşığı hindistan cevizi yağı.
- 5 yemek kaşığı akçaağaç şurubu.
- 1 yemek kaşığı kabartma tozu.
- 1 ½ çay kaşığı vanilya özü.
- 1 tatlı kaşığı tarçın.

## TALİMATLAR:
Hindistan cevizi yağını ekleyin ve bir pasta kesici veya çatal kullanarak, hindistancevizi yağını kesin ve ufalanan bir hamur oluşana kadar yulaf unu karışımına karıştırın. Soğur soğumaz çilek parçalarını, kuş üzümünü ve ıslak malzemeleri ekleyin.

a) Kuru ve ıslak bileşenleri birleşene kadar yavaşça karıştırın - fazla karıştırmamaya dikkat edin.

b) Parşömen kağıdı ile kaplı bir fırın tepsisine hamurdan bir daire oluşturun - 1 inç kalınlığında olmalı. Sekiz üçgen parçaya kesin ve 15-17 dakika pişirin. Reçel, biraz bal veya fındık ezmesi ile keyif yapın!

## 15. Ispanak tofu karıştırmak

**Ekşi krema:**
- 75 gr geceden ıslatılmış çiğ kaju fıstığı,
- 30 ml limon suyu,
- 5 gr besin mayası,
- 60 ml su 1 tutam tuz,

**Tofu karışımı:**
- 15 ml zeytinyağı.
- 1 küçük soğan, doğranmış.
- 1 diş sarımsak, kıyılmış.
- 400 sert tofu, preslenmiş, ufalanmış.
- ½ çay kaşığı öğütülmüş kimyon.
- ½ çay kaşığı köri tozu.
- ½ çay kaşığı zerdeçal.
- 2 domates, doğranmış.
- 30 gr bebek ıspanak
- Tatmak için tuz.

**TALİMATLAR:**
a)  Kaju ekşi kremasını yapın; Islatılmış kajuları yıkayıp süzün.
b)  Kaju fıstığı, limon suyu, besin mayası, su ve tuzu mutfak robotuna koyun.
c)  Pürüzsüz olana kadar yüksekte 5-6 dakika karıştırın.
d)  Bir kaseye aktarın ve bir kenara koyun. Tofu karıştırmasını yapın; zeytinyağını bir tavada kızdırın.
e)  Soğanı ekleyin ve orta-yüksek ateşte 5 dakika pişirin.
f)  Sarımsak ekleyin ve karıştırarak 1 dakika pişirin.
g)  Ufalanmış tofu ekleyin ve yağ ile kaplamak için karıştırın.
h)  Kimyon, köri ve zerdeçal ekleyin. Tofuyu 2 dakika pişirin.
i)  Domatesleri ekleyin ve 2 dakika pişirin.
j)  Ispanağı ekleyin ve yaklaşık 1 dakika tamamen solana kadar fırlatarak pişirin. Tofu karıştırmasını tabağa aktarın.
k)  Ekşi krema ile doldurun ve servis yapın.

## 16. Gecelik chia yulaf

**İÇİNDEKİLER:**
- 470 ml tam yağlı soya sütü.
- 90 gr eski moda yulaf ezmesi.
- 40 gr chia tohumu.
- 15 ml saf akçaağaç şurubu.
- 25 gr öğütülmüş fıstık.
- Böğürtlen Reçeli

**TALİMATLAR:**

a) Yulafı yapın; büyük bir kapta soya sütü, yulaf, chia tohumu ve akçaağaç şurubunu birleştirin.

b) Örtün ve gece boyunca soğutun.

c) Reçeli yapın; böğürtlen, akçaağaç şurubu ve suyu bir tencerede birleştirin. Orta ateşte 10 dakika pişirin.

d) Chia tohumlarını ekleyin ve böğürtlenleri 10 dakika pişirin.

e) Ateşten alın ve limon suyuyla karıştırın. Böğürtlenleri çatalla ezin ve soğuması için kenara alın.

f) Birleştirmek; yulaf ezmesini dört servis kasesine paylaştırın.

g) Her kase böğürtlen reçeli ile doldurun.

h) Servis yapmadan önce fıstık serpin.

**17. Amaranth kinoa lapası**

**İÇİNDEKİLER:**
- 85 gr kinoa.
- 70 gr amaranth.
- 460 ml su.
- 115 ml şekersiz soya sütü.
- ½ çay kaşığı vanilya ezmesi.
- 15 gr badem ezmesi.
- 30 ml saf akçaağaç şurubu.
- 10 gr çiğ kabak çekirdeği.
- 10 gr nar taneleri.

**TALİMATLAR:**

a) Kinoa, amaranth ve suyu birleştirin.

b) Orta-yüksek ateşte kaynatın.

c) Isıyı azaltın ve tahılları ara sıra karıştırarak 20 dakika pişirin. Süt ve akçaağaç şurubu ile karıştırın.

d) 6-7 dakika kaynatın. Ateşten alın ve vanilya ve badem ezmesini karıştırın.

e) Karışımı 5 dakika bekletin.

f) Yulaf lapasını iki kase arasında bölün.

g) Kabak çekirdeği ve nar taneleri ile doldurun.

**18. Kakaolu mercimekli muffin**

## İÇİNDEKİLER:
- 195 gr pişmiş kırmızı mercimek.
- 50 ml eritilmiş hindistan cevizi yağı.
- 45 ml saf akçaağaç şurubu.
- 60 ml şekersiz badem sütü.
- 60 ml su.
- 60 gr ham kakao tozu.
- 120 gr tam buğday unu.
- 20 gr fıstık unu.
- 10 gr kabartma tozu
- 70 gr damla çikolata.

## TALİMATLAR:
a) Fırını 200°C/400°F'ye önceden ısıtın.
b) Haşlanmış kırmızı mercimekleri mutfak robotuna koyun. Pürüzsüz olana kadar yüksekte karıştırın. Mercimek püresini geniş bir kaseye aktarın. Hindistan cevizi yağı, akçaağaç şurubu, badem sütü ve suyu karıştırın.
c) Ayrı bir kapta kakao tozu, tam buğday unu, yer fıstığı unu ve kabartma tozunu çırpın.
sıvıya katlayın**İÇİNDEKİLER:**ve sadece birleştirilene kadar karıştırın.
d) Çikolata parçacıklarını ekleyin ve karışana kadar karıştırın.
e) Hamuru 12 kağıt kutuya bölün.
f) Muffinleri 15 dakika pişirin.

19. **Mantarlı nohutlu krep**

## İÇİNDEKİLER:
**Krep:**
- 140 gr nohut unu.
- 30 gr fıstık unu.
- 5 gr besin mayası.
- 5 gr köri tozu.
- 350 ml su.
- Tatmak için tuz.

**DOLGU:**
- 10 ml zeytinyağı.
- 4 Portobello mantarı kapağı, ince dilimlenmiş.
- 1 soğan, ince dilimlenmiş.
- 30 gr bebek ıspanak.
- Tatmak için biber ve tuz.
- Mayo:

**TALİMATLAR:**

a) Mayo yapmak

b) El mikseri ile 30 saniye çırpın.

c) Mikseri en yüksek hıza ayarlayın. Avokado yağını gezdirin ve 10 dakika veya mayonez benzeri bir karışım elde edene kadar çırpın.

d) Tuzla tatlandırın ve 1 saat buzdolabında bekletin.

e) Krepleri yapın; nohut unu, yer fıstığı unu, besin mayası, köri tozu, su ve tuzu tatlandırmak için bir gıda karıştırıcısında birleştirin.

f) Büyük yapışmaz tavayı orta-yüksek ateşte ısıtın. Tavaya biraz yemeklik yağ püskürtün.

g) Hamurun ¼ fincanını tavaya dökün ve bir girdap hareketi ile hamuru tava tabanının her yerine dağıtın.

h) Krep her yüzünü 1 dakika pişirin. Krepi bir tabağa kaydırın ve sıcak tutun.

i) Dolguyu yapın; zeytinyağını orta-yüksek ateşte bir tavada ısıtın.

j) Mantar ve soğanı ekleyip 6-8 dakika pişirin.

k) Ispanak ekleyin ve 1 dakika boyunca solana kadar fırlatın.

l) Tuz ve karabiber serpin ve büyük bir kaseye aktarın.

m) Hazırlanan mayonezi katlayın.

**20. Tatlı patates tostu**

**İÇİNDEKİLER:**
- 2 büyük tatlı patates, dilimlenmiş.
- ¼ inç kalınlığında dilimler.
- 1 yemek kaşığı avokado yağı.
- 1 çay kaşığı tuz ½ su bardağı guacamole.
- ½ fincan domates, dilimlenmiş.

**TALİMATLAR:**

a) Fırınınızı 425 ° F'ye ısıtın.
b) Bir fırın tepsisini parşömen kağıdı ile kaplayın.
c) Patates dilimlerini yağ ve tuzla ovun ve bir fırın tepsisine yerleştirin. Fırında 5 dakika pişirin, ardından ters çevirin ve tekrar 5 dakika pişirin.
d) Pişmiş dilimleri guacamole ve domatesle doldurun.

# ATIŞTIRMALAR

**21. Yeşil protein atıştırma kabı**

**İÇİNDEKİLER:**
- 8 ons edamame fasulyesi, dondurulmuş.
- 8 ons bezelye, dondurulmuş.
- 4 yemek kaşığı susam.
- 4 yemek kaşığı soya sosu (düşük sodyum).
- Tercihe göre acı biber sosu.
- Kişniş, isteğe bağlı.

**TALİMATLAR:**
a) Dondurulmuş bezelye ve edamame'i mikrodalgaya uygun bir kaseye koyun. Bir miktar su ekleyin ve oda sıcaklığına gelmesi için yaklaşık 30 saniye mikrodalgada buzunu çözün.

b) Küçük bir kapta, tencerede veya kapta bezelye ve fasulye ile birlikte tohumları yerleştirin.

c) Yemekten önce soya sosu, kırmızı biber ve kişnişi karıştırın. Eğlence!

**22. Quinoa çörek ısırıkları**

## İÇİNDEKİLER:

- 1 ½ su bardağı hazır kinoa.
- 2 yumurta, çırpılmış.
- ½ su bardağı tatlı patates püresi.
- ½ su bardağı siyah fasulye.
- 1 yemek kaşığı kıyılmış kişniş.
- 1 tatlı kaşığı kimyon
- 1 tatlı kaşığı pul biber
- ½ çay kaşığı sarımsak tozu.
- ½ çay kaşığı tuz.
- ⅛ çay kaşığı karabiber.
- Pişirme spreyi.

## TALİMATLAR:

Fırını 350° F'ye önceden ısıtın. tüm malzemeleri büyük bir kaseye ekleyin ve her şey bütünleşene kadar karıştırın.

a) Karışımı muffin kalıplarına bir yemek kaşığı yardımıyla paylaştırın ve her birinin üstünü hafifçe bastırın. Tamamen pişene kadar pişirin ve yaklaşık 15-20 dakika bir arada tutun.

## 23. PB ve J Enerji ısırıkları

## İÇİNDEKİLER:
- ½ su bardağı kadifemsi tuzlu fıstık ezmesi.
- ¼ fincan akçaağaç şurubu.
- 2 yemek kaşığı protein tozu
- 1 ¼ bardak glütensiz yulaf ezmesi.
- 2 ½ yemek kaşığı keten tohumu unu.
- 2 yemek kaşığı chia tohumu.
- ¼ su bardağı kuru meyve.

## TALİMATLAR:
a) Büyük bir karıştırma kabına fıstık ezmesi, akçaağaç şurubu ve protein tozu, yulaf ezmesi, keten tohumu küspesi, chia tohumları ve isteğe bağlı olarak kuru meyve ekleyin. Çok kuru/ufalanmışsa, daha fazla fıstık ezmesi veya akçaağaç şurubu ekleyin.

b) 5 dakika buzdolabında soğutun. 1 ½ yemek kaşığı kadar alıp top haline getirin. "Hamur" yaklaşık 13-14 top vermelidir.

c) Lokumu hemen tüketin ve artıkları iyice kapatarak buzdolabında 1 hafta veya dondurucuda yaklaşık 1 ay saklayın.

## 24. Kavrulmuş havuçlu humus

**İÇİNDEKİLER:**
- 1 kutu nohut yıkanır ve süzülür.
- 3 havuç
- 1 diş sarımsak
- 1 tatlı kaşığı pul biber
- 1 dolu yemek kaşığı tahin.
- 1 limonun suyu
- 2 yemek kaşığı ilave sızma zeytinyağı.
- 6 yemek kaşığı su.
- ½ çay kaşığı kimyon tozu.
- Tatmak için tuz.

**TALİMATLAR:**

a) Fırını önceden 400° F'ye ısıtın. Havuçları yıkayıp soyun ve küçük parçalar halinde kesin, üzerine biraz zeytinyağı, bir tutam tuz ve yarım çay kaşığı kırmızı biber serpilmiş bir fırın tepsisine koyun. Havuç yumuşayana kadar yaklaşık 35 dakika pişirin.

b) Onları fırından çıkarın ve soğumaya bırakın.

Soğurken humusu hazırlayın: nohutları iyice yıkayın ve süzün ve diğer aktif bileşenlerle birlikte bir gıda değirmenine koyun ve iyice birleşmiş bir karışım görene kadar işlemi yapın. Ardından havuçları ve sarımsağı ekleyin ve işlemi tekrar yapın!

## 25. Şişirilmiş kinoa barı

**İÇİNDEKİLER:**
- 3 yemek kaşığı hindistan cevizi yağı.
- ½ su bardağı ham kakao tozu.
- ⅓ bardak akçaağaç şurubu.
- 1 yemek kaşığı tahin
- 1 tatlı kaşığı tarçın.
- 1 tatlı kaşığı vanilya tozu.
- Deniz tuzu.

**TALİMATLAR:**

a) Orta-düşük ateşte küçük bir tavada hindistancevizi yağı, ham kakao, tahin, tarçın, akçaağaç denizi, şurup ve vanilya tuzunu daha koyu bir çikolata karışımı olana kadar eritin.

b) Haşlanmış kinoanın üzerine çikolata sosunu gezdirin ve iyice karıştırın. Büyük bir çorba kaşığı çikolatalı çıtırları küçük fırın kaplarına alın.

c) Sertleşmeleri için en az 20 dakika dondurucuya koyun. Dondurucuda saklayın ve tadını çıkarın!

**26. Kabuklu edamame sosu**

## İÇİNDEKİLER:

- ½ fincan dilimlenmiş kırmızı soğan.
- 1 misket limonunun suyu.
- Deniz tuzu.
- Bir avuç kişniş.
- Doğranmış domatesler (isteğe bağlı).
- Pul biber.

## TALİMATLAR:

a) Soğanı bir karıştırıcıda birkaç saniye geçirin. Daha sonra aktif bileşenlerin geri kalanını ekleyin ve edamame büyük porsiyonlar halinde karışana kadar karıştırın.

b) Tostun üzerine sürülerek, sandviç olarak, sos olarak veya pesto sos olarak tadını çıkarın!

## 27. Matcha kaju bardakları

## İÇİNDEKİLER:

- ⅔ fincan kakao yağı
- 3/4 fincan kakao tozu
- ⅓ fincan akçaağaç şurubu
- ½ fincan kaju yağı
- 2 çay kaşığı matcha tozu
- Deniz tuzu

## TALİMATLAR:

a) Küçük bir tavayı ⅓ bardak su ile doldurun ve tavayı kaplayacak şekilde üstüne bir kase yerleştirin. Kase ısındığında, kasenin içindeki kakao yağını eritin. Eridikten sonra ocaktan alın ve akçaağaç şurubu ve kakao tozunu çikolata koyulaşana kadar birkaç dakika karıştırın.

b) Orta boy bir cupcake tutucu kullanarak alt tabakayı bol bir çorba kaşığı çikolata karışımı ile doldurun.

c) Ayarlamak için 15 dakika dondurun.

d) Dondurulmuş çikolatayı dondurucudan çıkarın ve donmuş çikolata tabakasının üzerine 1 çorba kaşığı büyüklüğünde matcha/kaju yağı hamuru doldurun.

e) Deniz tuzu serpin ve 15 dakika dondurucuda bekletin.

**28.** **Nohut çikolata dilimleri**

## İÇİNDEKİLER:
- 400 gr konserve nohut, durulanmış, süzülmüş
- 250 gr badem ezmesi
- 70 ml akçaağaç şurubu
- 15 ml vanilya ezmesi
- 1 tutam tuz
- 2 gr kabartma tozu
- 2 gr kabartma tozu
- 40 gr damla çikolata

## TALİMATLAR:
a) Fırını 180° C/350° F'ye önceden ısıtın.
b) Büyük fırın tepsisini hindistancevizi yağı ile yağlayın.
c) Nohut, badem ezmesi, akçaağaç şurubu, vanilya, tuz, kabartma tozu ve kabartma tozunu bir mutfak robotunda karıştırın.
d) Pürüzsüz olana kadar karıştır. Çikolata parçalarının yarısını karıştırın, hamuru hazırlanan fırın tepsisine yayın.
e) Ayrılmış çikolata parçaları serpin.
f) 45-50 dakika veya batırdığınız kürdan temiz çıkana kadar pişirin.
g) Bir tel raf üzerinde 20 dakika soğutun. Dilimleyin ve servis yapın.

**29. tatlı yeşil kurabiye**

## İÇİNDEKİLER:

- 165 gr yeşil bezelye.
- 80 gr kıyılmış hurma.
- 60 gr ipeksi tofu, ezilmiş.
- 100 gr badem unu.
- 1 tatlı kaşığı kabartma tozu.
- 12 badem

## TALİMATLAR:

a) Fırını 180° C/350° F'ye önceden ısıtın.
b) Bezelye ve tarihleri bir mutfak robotunda birleştirin.
c) Kalın macun oluşana kadar işleyin.
d) Nohut karışımını bir kaseye aktarın. Tofu, badem unu ve kabartma tozunu karıştırın. Karışımı 12 top haline getirin.
e) Yağlı kağıt serili fırın tepsisine topları dizin. Her topu yağlı avuç içi ile düzleştirin.
f) Her kurabiyeye bir badem yerleştirin. Kurabiyeleri 25-30 dakika veya hafifçe altın rengi alana kadar pişirin.
g) Servis yapmadan önce bir tel raf üzerinde soğutun.

## 30. Proteinli çörekler

## İÇİNDEKİLER:

- 85 gr hindistan cevizi unu.
- 110 gr vanilya aromalı çimlenmiş kahverengi pirinç protein tozu.
- 25 gr badem unu.
- 50 gr akçaağaç şekeri.
- 30 ml eritilmiş hindistan cevizi yağı.
- 8 gr kabartma tozu.
- 115 ml soya sütü.
- ½ çay kaşığı elma sirkesi.
- ½ çay kaşığı vanilya ezmesi.
- ½ çay kaşığı tarçın.
- 30ml organik elma sosu.
- 30 gr toz hindistan cevizi şekeri.
- 10 gr tarçın.

## TALİMATLAR:

Bir kapta, tüm kuru malzemeleri birleştirin.

a) Ayrı bir kapta sütü elma sosu, hindistancevizi yağı ve elma sirkesi ile çırpın.

Islak malzemeleri kuruya katlayın ve iyice karışana kadar karıştırın.

b) Fırını 180° C/350° F'ye ısıtın ve 10 delikli çörek tepsisini yağlayın.

c) Hazırladığınız harcı yağlanmış yuvarlak borcama dökün.

d) Donutları 15-20 dakika pişirin.

e) Donutlar hala sıcakken üzerine hindistan cevizi şekeri ve tarçın serpin. Sıcak servis yapın.

**31. bal-susamlı tofu**

## İÇİNDEKİLER:

- 12 ons ekstra sert tofu, süzülmüş ve kurumuş.
- Yağ veya pişirme spreyi.
- 2 yemek kaşığı azaltılmış sodyum soya sosu veya tamari.
- 3 diş sarımsak, kıyılmış.
- 1 yemek kaşığı bal
- 1 yemek kaşığı rendelenmiş soyulmuş taze zencefil.
- 1 tatlı kaşığı kavrulmuş susam yağı.
- 1 pound yeşil fasulye, kesilmiş.
- 2 yemek kaşığı zeytinyağı.
- ¼ çay kaşığı pul biber (isteğe bağlı).
- Koşer tuzu.
- Yeni çekilmiş karabiber.
- 1 orta boy taze soğan, çok ince dilimlenmiş.
- ¼ çay kaşığı susam tohumları.

## TALİMATLAR:

a) 10 ila 30 dakika kenara koyun. Soya sosu veya tamari, sarımsak, bal, zencefil ve susam yağını büyük bir kapta çırpın; kenara koymak

b) Tofuyu üçgenler halinde kesin ve hazırlanan fırın tepsisinin bir yarısına tek bir katman halinde yerleştirin. Soya sosu karışımı ile gezdirin. Altta altın-kahverengi olana kadar 12 ila 13 dakika pişirin.

c) Tofuyu çevirin. Yeşil fasulyeleri fırın tepsisinin diğer yarısına tek kat halinde yerleştirin. Üzerine zeytinyağı gezdirin ve pul biber serpin; tuz ve karabiberle tatlandırın.

d) Fırına geri dönün ve tofunun 2. tarafı altın-kahverengi olana kadar 10 ila 12 dakika daha pişirin. Taze soğan ve susam serpin ve hemen servis yapın.

**32. Akçaağaç cevizli yağ bombası çubukları**

12 yapar

**İÇİNDEKİLER:**
- 2 su bardağı pekan pekan yarısı
- 1 su bardağı Badem Unu
- ½ fincan Altın Keten Tohumu Küspesi
- ½ fincan Şekersiz Rendelenmiş Hindistan Cevizi
- ½ su bardağı Hindistan Cevizi Yağı
- ¼ bardak Akçaağaç Şurubu
- ¼ çay kaşığı Sıvı Stevia

**TALİMATLAR:**
a) Fırını 350°F'de önceden ısıtın ve pelikan yarımlarını 5 dakika pişirin.
b) Cevizleri fırından çıkarın ve plastik bir torbaya koyun.
Parçalar yapmak için onları bir oklava ile ezin.
Bir karıştırma kabında, kuru malzemeleri Badem Unu, Altın Keten Tohumu Küspesi ve Rendelenmiş Hindistan Cevizi ile ezilmiş cevizleri birleştirin.
Hindistan Cevizi Yağı Akçaağaç Şurubu ve Sıvı Stevia'yı ekleyin.
Tüm malzemeleri büyük bir karıştırma kabında ufalanan bir hamur oluşana kadar birleştirin.
c) Hamuru bir güveç kabına koyun ve aşağı doğru bastırın.
d) 350F'de 15 dakika veya kenarları hafifçe kızarana kadar pişirin.
e) Bir spatula kullanarak 12 dilime kesin ve servis yapın.

33. **karnabahar mezeleri**

8 yapar

**İÇİNDEKİLER:**
- 14 ons Karnabahar Çiçeği, doğranmış
- 3 orta boy Taze Soğan
- 3 ons Rendelenmiş Beyaz Çedar
- ½ su bardağı badem unu
- ½ çay kaşığı Tuz
- 3/4 çay kaşığı Biber
- ½ çay kaşığı Kırmızı Biber Gevreği
- ½ çay kaşığı Tarhun, Kurutulmuş
- ¼ çay kaşığı Sarımsak Tozu
- 3 Yemek Kaşığı Zeytinyağı
- 2 çay kaşığı Chia Tohumu

**TALİMATLAR:**
a) Fırını 400 derece Fahrenheit'e önceden ısıtın.
b) Karnabahar çiçeklerini, zeytinyağını, tuzu ve karabiberi plastik bir torbada birleştirin. Karnabahar eşit şekilde kaplanana kadar kuvvetlice çalkalayın.
c) Karnabahar çiçeklerini folyo kaplı bir fırın tepsisine dökün. Bundan sonra 5 dakika pişirin.
d) Kavrulmuş karnabaharı bir mutfak robotuna ekleyin ve parçalamak için birkaç kez vurun.
Bir karıştırma kabında, yapışkan bir karışım oluşana kadar tüm malzemeleri (badem unu) birleştirin.
e) Karnabahar karışımından köfteler yapın ve badem ununa bulayın.
f) 400 ° F'de 15 dakika veya dışı daha gevrek olana kadar pişirin.
g) Fırından çıkarın, servis yapmadan önce biraz soğumaya bırakın!

## 34. Seitan Pizza Kapları

2 yapar

## İÇİNDEKİLER:
- 1 ons tam yağlı krem peynir
- 1 ½ bardak tam yağlı süt mozzarella peyniri
- 1 büyük yumurta, dövülmüş
- 1 su bardağı badem unu
- 2 yemek kaşığı hindistan cevizi unu
- ⅓ su bardağı pizza sosu
- ⅓ su bardağı rendelenmiş kaşar peyniri
- ½ paket seitan veya yaklaşık 4 ons, doğranmış

## TALİMATLAR:
a) Fırını 400 ° F'ye önceden ısıtın.
b) Krem peyniri ve mozzarellayı mikrodalgaya uygun büyük bir kapta ve birkaç kez karıştırarak 1 dakika mikrodalgada birleştirin.
c) Çırpılmış yumurtayı ve her iki unu da ekleyin ve bir top oluşana kadar hızlıca karıştırın. Hafifçe yapışkan olana kadar elle yoğurun.
d) Hamuru 8 parçaya bölün. İki yağlı kağıt arasına bir parça alıp merdane ile açın.
e) Küçük hamur kapları oluşturmak için her hamur parçasını yağlanmış muffin kalıplarına bastırın.
f) 15 dakika veya altın kahverengi olana kadar pişirin.
g) Fırından çıkarın ve her birine pizza sosu, çedar ve seitan serpin. Peynir eriyene kadar beş dakika fırına dönün.
h) Muffin kalıplarından çıkarıp servis yapın.

## 35. Izgara Seitan ve Sebze Kebapları

4 porsiyon yapar

**İÇİNDEKİLER:**
- ⅓ su bardağı balzamik sirke
- 2 yemek kaşığı zeytinyağı
- 1 yemek kaşığı taze kekik
- 2 diş sarımsak, kıyılmış
- ½ çay kaşığı tuz
- ¼ çay kaşığı taze çekilmiş karabiber
- 1 kiloluk seitan, 1 inçlik küpler halinde kesin
- 7 ons küçük beyaz mantar
- 2 küçük kabak, 1 inçlik parçalar halinde kesin
- 1 orta boy sarı dolmalık biber, kareler halinde kesilmiş
- olgun çeri domates

**TALİMATLAR:**
a) Izgarayı hazırlayın.
b) Sirke, yağ, kekik, kekik, sarımsak, tuz ve karabiberi orta boy bir karıştırma kabında birleştirin. Seitanı, mantarı, kabağı, dolmalık biberi ve domatesi kaplamak için çevirin.
c) Ara sıra çevirerek oda sıcaklığında 30 dakika marine edin.
d) Seitanı ve sebzeleri ve ayrıca turşuyu boşaltın ve bir kenara koyun.
e) Şişleri seitan, mantar ve domatesle birleştirin.
f) Şişleri sıcak bir ızgaraya koyun ve ızgaranın ortasında bir kez çevirerek yaklaşık 10 dakika pişirin.
g) Üzerine az miktarda ayrılmış marine sosunu gezdirin ve hemen servis yapın.

36. **Quinoa çörek ısırıkları**

4 yapar

**İÇİNDEKİLER:**

- 1 ½ su bardağı hazır kinoa
- 2 yumurta, çırpılmış
- ½ su bardağı tatlı patates püresi
- ½ su bardağı siyah fasulye
- 1 yemek kaşığı kıyılmış kişniş
- 1 çay kaşığı kimyon
- 1 çay kaşığı kırmızı biber
- ½ çay kaşığı sarımsak tozu
- ½ çay kaşığı tuz
- ⅛ çay kaşığı karabiber
- Pişirme spreyi

**TALİMATLAR:**

a) Fırını 350 derece Fahrenheit'e önceden ısıtın.
Büyük bir karıştırma kabında, tüm malzemeleri birleştirin ve iyice birleşene kadar karıştırın.

b) Karışımı bir çorba kaşığı kullanarak muffin kalıplarına koyun ve her birinin üstünü hafifçe bastırın.

c) 15-20 dakika veya tamamen pişene ve sertleşene kadar pişirin.

## 37. PB ve J Enerji ısırıkları

13-14 top yapar

**İÇİNDEKİLER:**
- ½ su bardağı kadifemsi tuzlu fıstık ezmesi
- ¼ bardak akçaağaç şurubu
- 2 yemek kaşığı protein tozu
- 1 ¼ fincan glütensiz yulaf ezmesi
- 2 ½ yemek kaşığı keten tohumu küspesi
- 2 yemek kaşığı chia tohumu
- ¼ su bardağı kuru meyve

**TALİMATLAR:**

a) Fıstık ezmesi, akçaağaç şurubu, protein tozu, yulaf ezmesi, keten tohumu küspesi, chia tohumları ve tercih ettiğiniz kuru meyveyi büyük bir karıştırma kabında birleştirin.

b) Karışım çok kuru veya ufalanırsa, fazladan fıstık ezmesi veya akçaağaç şurubu ekleyin.

c) 5 dakika buzdolabında soğutun. 1 ½ yemek kaşığı alın ve toplar haline getirin "Hamur" yaklaşık 13-14 top yapmalıdır.

d) Hemen tadını çıkarın ve artıkları hava geçirmez bir kapta buzdolabında bir haftaya kadar veya dondurucuda bir aya kadar saklayın.

## 38. Kavrulmuş havuçlu humus

2 yapar

**İÇİNDEKİLER:**
- 1 kutu nohut, durulanmış ve süzülmüş
- 3 havuç
- 1 diş sarımsak
- 1 çay kaşığı kırmızı biber
- 1 dolu yemek kaşığı tahin
- 1 limonun suyu
- 2 yemek kaşığı ilave sızma zeytinyağı
- 6 yemek kaşığı su
- ½ çay kaşığı kimyon tozu
- tatmak için tuz

**TALİMATLAR:**
a) Fırını 400 derece Fahrenheit'e önceden ısıtın.
b) Havuçları yıkayıp soyun, sonra küçük parçalar halinde doğrayın ve zeytinyağı, bir tutam tuz ve yarım çay kaşığı kırmızı biberle birlikte bir fırın tepsisine koyun.
c) 35 dakika veya havuçlar yumuşayana kadar pişirin.
d) Onları fırından çıkarın ve soğumaları için bir kenara koyun.
e) Humus soğurken hazırlayın: Nohutları diğer aktif bileşenlerle birlikte bir yemek değirmenine koymadan önce iyice yıkayın ve süzün. İyi kombine bir karışım elde edene kadar işleyin.
f) Bundan sonra havuç ve sarımsağı ekleyin ve işlemi tekrarlayın!

### 39. Matcha kaju bardakları

6 yapar

**İÇİNDEKİLER:**
- ⅔ su bardağı kakao yağı, eritilmiş
- 3/4 fincan kakao tozu
- ⅓ fincan akçaağaç şurubu
- ½ fincan kaju yağı
- 2 çay kaşığı matcha tozu
- Deniz tuzu

**TALİMATLAR:**

a) Bir karıştırma kabında kakao yağını eritin ve akçaağaç şurubu ve kakao tozunu ekleyin.

b) Orta boy bir cupcake tutucunun alt katına çikolata karışımından iyi bir yemek kaşığı koyun.

c) Cupcake tutacaklarını katılaşması için 15 dakika dondurucuya yerleştirin.

d) Dondurulmuş çikolata tabakasını dondurucudan çıkarın ve üzerine 1 kaşık matcha/kaju ezmesi hamuru doldurun.

e) Bu tamamlanır tamamlanmaz, kalan eritilmiş çikolatayı her parçanın üzerine dökün ve her şeyi kaplayın.

f) Deniz tuzu serpin.

g) 15 dakika dondurucuya koyun.

**40. bal-susamlı tofu**

12 yapar

**İÇİNDEKİLER:**
- 12 ons sert tofu, süzülmüş ve kurumuş
- Yağ veya pişirme spreyi
- 2 yemek kaşığı azaltılmış sodyum soya sosu
- 3 diş sarımsak, kıyılmış
- 1 yemek kaşığı bal
- 1 yemek kaşığı rendelenmiş soyulmuş taze zencefil
- 1 çay kaşığı kızarmış susam yağı
- 1 pound yeşil fasulye, kesilmiş
- 2 yemek kaşığı zeytinyağı
- ¼ çay kaşığı kırmızı biber gevreği (isteğe bağlı)
- koşer tuzu
- Yeni çekilmiş karabiber
- 1 orta boy taze soğan, çok ince dilimlenmiş
- ¼ çay kaşığı susam

**TALİMATLAR:**

a) Büyük bir karıştırma kabında soya sosu, sarımsak, bal, zencefil ve susam yağını birleştirin; kenara koymak.

b) Tofuyu üçgenler halinde kesin ve hazırlanan fırın tepsisinin bir tarafına tek kat halinde dizin.

c) Üzerine soya sosu karışımını gezdirin.

d) 12 ila 13 dakika ya da altta altın rengi kahverengi olana kadar pişirin.

e) Tofuyu hareket ettirin.

f) Fırın tepsisinin diğer yarısında yeşil fasulyeleri tek kat halinde düzenleyin. Üzerine zeytinyağı gezdirip pul biber serptikten sonra tuz ve karabiber serpin.

g) Fırına geri dönün ve 10 ila 12 dakika daha veya tofunun ikinci tarafı altın rengi kahverengi olana kadar pişirin.

h) Taze soğan ve susam serpiştirerek hemen servis yapın.

# ANA DİL

## 41. Shiitake ve Peynirli burger güveç

6 Porsiyon yapar

**İÇİNDEKİLER:**

- 1 lb Öğütülmüş seitan
- 4 ons Shiitake mantarı, dilimlenmiş
- ½ su bardağı Badem Unu
- 3 su bardağı kıyılmış karnabahar
- 1 yemek kaşığı Chia Tohumu
- ½ çay kaşığı Sarımsak Tozu
- ½ çay kaşığı Soğan Tozu
- 2 Yemek Kaşığı Azaltılmış Şeker
- Ketçap
- 1 yemek kaşığı Dijon Hardalı
- 2 yemek kaşığı Mayonez
- 4 ons Çedar Peyniri
- Tatmak için biber ve tuz

**TALİMATLAR:**

a) Fırını 350 derece Fahrenheit'e önceden ısıtın.
Büyük bir karıştırma kabında, tüm malzemeleri ve çedar peynirinin yarısını birleştirin.

b) Karışımı parşömen kaplı 9x9 fırın tepsisine dökün. Daha sonra kaşar peynirinin kalan yarısını üzerine serpin.

c) Üst rafta 20 dakika pişirin.

d) Dilimledikten sonra ek soslarla servis yapın.

## 42. Fırında Jambalaya Güveç

4 porsiyon yapar

**İÇİNDEKİLER:**
- 10 ons tempeh
- 2 yemek kaşığı zeytinyağı
- 1 orta boy sarı soğan, doğranmış
- 1 orta boy yeşil biber, doğranmış
- 2 diş sarımsak, kıyılmış
- 1 (28 ons) doğranmış domates, süzülmemiş olabilir
- ½ su bardağı beyaz pirinç
- 1 ½ su bardağı sebze suyu
- 1 ½ su bardağı pişmiş veya 1 (15,5 ons) konserve koyu kırmızı barbunya fasulyesi, süzülmüş ve durulanmış
- 1 yemek kaşığı kıyılmış taze maydanoz
- 1½ çay kaşığı Cajun baharatı
- 1 çay kaşığı kuru kekik
- ½ çay kaşığı tuz
- ¼ çay kaşığı taze çekilmiş karabiber

**TALİMATLAR:**

a) Fırını 350 derece Fahrenheit'e önceden ısıtın.

b) Tempeh'i orta boy bir tencerede kaynar suda 30 dakika pişirin. Suyu boşaltın ve kurulayın. ½ inçlik küpler halinde doğrayın.

c) 1 çorba kaşığı yağı orta ateşte büyük bir tavada ısıtın. Tempeyi 8 dakika veya tempeh her iki tarafı da kızarana kadar pişirin. Tempeh'i soğutmak için 9 x 13 inçlik bir fırın tepsisine yerleştirin.

d) Kalan 1 yemek kaşığı yağı aynı tavada orta ateşte ısıtın. Soğan, dolmalık biber ve sarımsağı bir karıştırma kabında birleştirin. Kapağı kapalı olarak yaklaşık 7 dakika veya sebzeler yumuşayana kadar pişirin.

e) Sebze karışımını tempeh ile birlikte pişirme kabına alın.

f) Domates, sıvıyağ, pirinç, et suyu, barbunya, maydanoz, Cajun baharatı, kekik, tuz ve karabiberi ekleyin. İyice karıştırın, ardından sıkıca kapatın ve 1 saat veya pirinç yumuşayana kadar pişirin. Hemen servis yapın.

**43.** <u>Patlıcan ve Tempe Dolgulu Makarna</u>

4 porsiyon yapar

**İÇİNDEKİLER:**
- 8 ons tempeh
- 1 orta boy patlıcan
- 12 adet büyük boy makarna
- 1 diş sarımsak, ezilmiş
- ¼ çay kaşığı karabiber
- Tuz ve taze çekilmiş karabiber
- Kuru baharatsız ekmek kırıntıları
- 3 su bardağı marinara sosu

**TALİMATLAR:**

a) Fırını 450 derece Fahrenheit'e önceden ısıtın.

b) Tempeh'i orta boy bir tencerede kaynar suda 30 dakika pişirin. Suyunu süzün ve soğuması için kenara alın.

c) Patlıcanı bir çatalla delin ve hafif yağlanmış bir fırın tepsisinde yaklaşık 45 dakika yumuşayana kadar pişirin.

d) Patlıcan közlenirken, makarna kabuklarını bir tencerede kaynayan tuzlu suda al dente olana kadar yaklaşık 7 dakika pişirin. Suyu boşaltın ve soğuk su altında durulayın.

e) Patlıcanı fırından çıkarın, uzunlamasına ikiye bölün ve içindeki sıvıyı boşaltın.

f) Fırın sıcaklığını 350 Fahrenheit dereceye düşürün.

g) Sarımsağı mutfak robotunda ince bir şekilde ezilene kadar işleyin. Kabaca öğütülene kadar tempeh içinde nabız atın.

h) Patlıcan posasını kabuğundan sıyırın ve bir mutfak robotunda tempeh ve sarımsakla birleştirin. Arnavut biberini atın, tuz ve karabiberle tatlandırın ve karıştırmak için nabız atın. Doldurma çok gevşekse biraz ekmek kırıntısı ekleyin.

i) Hazırlanan pişirme kabında, tabana bir kat domates sosu yayın. Kabukları tamamen dolana kadar dolgu ile doldurun.

j) Kalan sosu kabukların üzerine ve çevresine dökün ve ardından sosun üzerine yerleştirin.

k) Folyo ile örtün ve 30 dakika pişirin.

l) Ortaya çıkarın, Parmesan serpin ve 10 dakika daha pişirin. Hemen servis yapın.

## 44. Fasulye Soslu ve Erişteli Fasulye Loru

4 yapar

**İÇİNDEKİLER:**

- 8 ons taze Pekin usulü erişte
- 1 12 ons blok firma tofu
- 3 büyük sap Çin lahanası VE 2 yeşil soğan
- ⅓ fincan koyu soya sosu
- 2 yemek kaşığı siyah fasulye sosu
- 2 çay kaşığı Çin Pirinç şarabı veya kuru şeri
- 2 çay kaşığı siyah pirinç sirkesi
- ¼ çay kaşığı tuz
- ¼ çay kaşığı sarımsaklı biber salçası
- 1 çay kaşığı Acı Biber Yağı
- ¼ çay kaşığı susam yağı
- ½ su bardağı su
- Kızartmak için 2 yemek kaşığı sıvı yağ
- 2 dilim zencefil, kıyılmış
- 2 diş sarımsak, kıyılmış
- ¼ kırmızı soğan, doğranmış

**TALİMATLAR:**

a) Erişteleri kaynatın ve yumuşayana kadar pişirin. Suyu tamamen boşaltın. Tofuyu küpler halinde kesin.

b) Çin lahanasını birkaç saniye kaynar suya batırarak ve ardından tamamen boşaltarak kaynatın.

c) Koyu soya sosu, siyah fasulye sosu, Konjac pirinç şarabı, siyah Pirinç sirkesi, tuz, biber salçası, sarımsak, Acı Biber Yağı, susam yağı ve suyu büyük bir karıştırma kabında birleştirin.

d) Yağı önceden ısıtılmış bir wok veya tavada ısıtın. Isıtılmış yağa zencefil, sarımsak ve yeşil soğan ekleyin. Kokulu olana kadar birkaç dakika karıştırarak kızartın. Kırmızı soğanı ekleyin ve kısa süre karıştırarak kavurun. Yanlara doğru itin ve Çin lahanası saplarını ekleyin.

e) Çin lahanası parlak yeşil olana ve soğan yumuşak olana kadar yaprakları karıştırın.

f) Sosu tencerenin ortasında kaynatın. Tofuyu atın. Tofunun birkaç dakika kaynatarak sosu emmesine izin verin. Erişteleri atın.

g) Her şeyi birleştirin ve hemen servis yapın.

## 45. Cajun Tarzı Tofu

4 porsiyon yapar

## İÇİNDEKİLER:
- 1 kiloluk ekstra sert tofu, süzülmüş ve kurumuş
- Tuz
- 1 yemek kaşığı artı 1 çay kaşığı Cajun baharatı
- 2 yemek kaşığı zeytinyağı
- ¼ bir su bardağı kıyılmış yeşil biber
- 1 yemek kaşığı kıyılmış kereviz
- 2 yemek kaşığı kıyılmış yeşil soğan
- 2 diş sarımsak, kıyılmış
- 1 (14,5 ons) doğranmış domates, süzülmüş olabilir
- 1 yemek kaşığı soya sosu
- 1 yemek kaşığı kıyılmış taze maydanoz

## TALİMATLAR:
a) Tofuyu ½ inç kalınlığında dilimler halinde kesin ve her iki tarafına tuz ve 1 yemek kaşığı Cajun çeşnisi ekleyin.
b) Orta ateşte küçük bir tencerede 1 yemek kaşığı yağı ısıtın. Kerevizi ve dolmalık biberi ekleyin.
c) 5 dakika pişirin.
d) Domates, soya sosu, maydanoz ve kalan 1 çay kaşığı Cajun baharat karışımının yanı sıra tuz ve karabiberi ekleyin. 10 dakika kaynattıktan sonra kenara alın.
e) Kalan 1 çorba kaşığı yağı orta-yüksek ateşte büyük bir tavada ısıtın. Tofuyu 10 dakika veya tofunun her iki tarafı da kızarana kadar pişirin. Sosu ekledikten sonra 5 dakika pişirin.
f) hemen servis yap

**46. Parmesanlı Kabak Eriştesi**

2 yapar

## İÇİNDEKİLER:
- 2 orta boy kabak
- 2 yemek kaşığı tereyağı
- 3 büyük diş sarımsak, kıyılmış
- 3/4 fincan parmesan peyniri
- ¼ çay kaşığı kırmızı biber gevreği

## TALİMATLAR:
a) Sebze spiralleştirici veya jülyen soyucu kullanarak kabakları spiral veya erişte şeritleri halinde kesin. Erişteleri bir kenara koyun.
b) Büyük tavayı orta-yüksek ateşte ısıtın. Tereyağını eritin, ardından sarımsağı ekleyin. Sarımsağı kokulu ve yarı saydam olana kadar yaklaşık 30 saniye pişirin.
c) Kabak erişterini ekleyin ve yumuşayana kadar yaklaşık 3-5 dakika pişirin.
d) Tavayı ocaktan alın, parmesan peyniri ekleyin ve tadına bakmak için bolca tuz ve karabiber ekleyin.
e) Pul biberi ilave ettikten sonra sıcak servis yapın.

**47. Quinoa nohut Buda kasesi**

2 yapar

İÇİNDEKİLER:
NOHUT:
- 1 su bardağı kuru nohut.
- ½ çay kaşığı deniz tuzu.

KİNOA:
- 1 yemek kaşığı zeytin, üzüm çekirdeği veya avokado yağı (veya hindistancevizi).
- 1 su bardağı beyaz kinoa (iyi durulanmış).
- 1 3/4 su bardağı su.
- 1 sağlıklı tutam deniz tuzu.

KALE:
- 1 büyük paket kıvırcık lahana

TAHİN SOSU:
- ½ su bardağı tahin.
- ¼ çay kaşığı deniz tuzu.
- ¼ çay kaşığı sarımsak tozu.
- ¼ bardak su.

HİZMET İÇİN:
- Taze limon suyu.

## TALİMATLAR:

a) Nohutları gece boyunca soğuk suda bekletin veya hızlı ıslatma yaklaşımını kullanın: Durulanmış nohutları büyük bir tencereye ekleyin ve 2 inç su ile kaplayın. Süzün, durulayın ve tencereye geri koyun.

b) Islatılmış nohutları pişirmek için büyük bir tencereye ekleyin ve 2 inç su ile kaplayın. Yüksek ateşte kaynatın, ardından ocağı kısın, tuz ekleyin ve karıştırın ve üstü açık 40 dakika - 1 saat 20 dakika pişirin.

c) Ne kadar yumuşak olduklarını görmek için 40. dakikada bir fasulye tadın. Hazır olur olmaz fasulyeleri süzün ve bir kenara koyun ve biraz daha tuz serpin.

d) Küçük bir karıştırma kabına tahin, deniz tuzu ve sarımsak tozunu ekleyerek ve bütünleşmesi için çırparak sosu hazırlayın. Ardından, dökülebilir bir sos oluşana kadar azar azar su ekleyin.

e) Orta boy bir tencereye ½ inç su ekleyin ve orta ateşte kaynamaya bırakın. Lahanayı hemen ocaktan alın ve servis için küçük bir tabağa aktarın.

## 48. Erişte ile yapışkan tofu

## İÇİNDEKİLER:

- ½ büyük salatalık.
- 100 ml pirinç kırmızı şarap sirkesi.
- 2 yemek kaşığı altın pudra şekeri.
- 100 ml sebze yağı.
- 200 g paket şirket tofusu, 3 cm'lik küpler halinde kesin.
- 2 yemek kaşığı akçaağaç şurubu.
- 4 yemek kaşığı kahverengi veya beyaz miso ezmesi.
- 30 gr beyaz susam.
- 250 gr kuru soba erişte si.
- 2 taze soğan, rendelenmiş, servis için.

## TALİMATLAR:

a) Bir soyucu kullanarak, tohumları geride bırakarak salatalıktan ince şeritler kesin. Kurdeleleri bir kaseye koyun ve bir kenara koyun. Sirke, şeker, ¼ çay kaşığı tuz ve 100 ml suyu bir tavada orta ateşte 3-5 dakika şeker sıvılaşana kadar hafifçe ısıtın, ardından salatalıkların üzerine dökün ve tofuyu hazırlarken buzdolabında turşuya bırakın.

b) 1 çorba kaşığı hariç tüm yağı büyük, yapışmaz bir tavada orta ateşte kabarcıklar yüzeye çıkana kadar ısıtın. Tofuyu ekleyin ve 7-10 dakika kızartın.

c) Küçük bir kasede bal ve misoyu karıştırın. Susam tohumlarını bir tabağa yayın. Kızarmış tofuyu yapışkan bal sosuyla fırçalayın ve artıkları bir kenara koyun. Tofuyu eşit şekilde tohumlara bulayın, biraz tuz serpin ve ılık bir yerde bırakın.

d) Erişteleri hazırlayın ve yağın geri kalanı, kalan sos ve 1 yemek kaşığı salatalık turşusu sıvısıyla karıştırın. Tamamen ısınana kadar 3 dakika pişirin.

**49. Turuncu Gremolata Soslu Izgara Uskumru**

4 kişilik

**İÇİNDEKİLER:**
- 4 uskumru filetosu, derisi üzerinde
- Zeytinyağı, ızgara için
- 1 küçük portakalın suyu
- 4 dal biberiye, ikiye bölünmüş
- Turuncu gremolata sosu için
- 100ml zeytinyağı
- 2 diş sarımsak, soyulmuş ve ince kıyılmış
- 1 küçük portakalın kabuğu ve suyu
- 2 yemek kaşığı kabaca kıyılmış düz yaprak maydanoz
- Deniz tuzu ve taze çekilmiş karabiber

talimatlar:
a) Izgarayı orta-yüksek dereceye kadar önceden ısıtın. Izgara tavasını folyo ile hizalayın.
Portakallı gremolata sosunu yapmak için tüm malzemeleri bir kaseye koyun ve tuz ve karabiber ekleyin. İyice karıştırdıktan sonra bir kenarda bekletin.
b) Keskin bir bıçak kullanarak uskumru filetolarının derisini çizin, ardından hazırlanan ızgara tavasına derili tarafı aşağı gelecek şekilde yerleştirin. Filetoların her birinin üzerine zeytinyağı gezdirin, bir miktar portakal suyu ekleyin ve üzerine biberiye dallarını serpin.
c) Tavayı ızgaranın altına yerleştirin ve balığı ters çevirerek 1-2 dakika pişirin ve 4-5 dakika daha veya derisi çıtır çıtır ve eti opak olana kadar pişirin.
d) Balığı bir tabağa aktarın ve büyük bir yeşil salata ve bol miktarda sıcak çıtır ekmekle servis etmeden önce üzerine gremolata sosunu gezdirin.

## 50. Malezya Balığı ve Körili Bamya

4 kişilik

**İÇİNDEKİLER:**
- 2 yemek kaşığı bitkisel yağ
- 1 soğan, soyulmuş ve ince doğranmış
- 3 diş sarımsak, soyulmuş ve ince kıyılmış
- 3 cm'lik parça taze kök zencefil, soyulmuş ve ince rendelenmiş
- 1 uzun kırmızı biber, daha hafif bir vuruş istiyorsanız, ince doğranmış
- 1 çay kaşığı Tay karides ezmesi
- 1 tepeleme çay kaşığı öğütülmüş zerdeçal
- 2 domates, kabaca doğranmış 250 ml balık suyu
- 400 ml hindistan cevizi kreması
- 1 kafir misket limonu yaprağı
- 2 çay kaşığı limon otu ezmesi
- 1 çay kaşığı hindistancevizi hurma şekeri
- 1 yemek kaşığı demirhindi ezmesi
- 650 gr maymunbalığı filetosu
- 200 gr bamya
- 2 yemek kaşığı doğranmış kişniş

talimatlar:

a) Orta-yüksek ateşte büyük, yapışmaz bir sote tavası yerleştirin ve yağı ekleyin. Sıcakken soğanı ekleyin ve 2-3 dakika veya yumuşayana kadar pişirin.

b) Sarımsak, zencefil ve acı biberi ekleyin ve 2 dakika pişirin, ardından karides ezmesini ve zerdeçal ekleyin.

c) 1 dakika veya koku çıkana kadar karıştırın, ardından domatesleri, balık suyunu, hindistancevizi kremasını, kaffir misket limonu yaprağını, limon otu ezmesini, hurma şekerini ve demirhindi ezmesini ekleyin. İyice karıştırın, kaynatın ve 10-12 dakika pişirin.

d) Bu sırada maymunbalığını 3–5 cm'lik parçalar halinde kesin. Bamyayı kesin ve her birini bir açıyla ikiye bölün.

e) Bamyayı tavaya ekleyin ve 2 dakika pişirin, ardından maymunbalığını ekleyin ve 5-6 dakika daha veya tamamen pişene kadar pişirin.

f) Tavayı ocaktan alın, kişniş ekleyin ve kaselerde basmati pirinci veya Aromatik Safran Pilavı ile servis yapın.

## 51. Korunmuş Limonlu Kuskuslu Ton Balıklı Biftekler

2 kişilik

**İÇİNDEKİLER:**
- 2 x 200g ton balığı bifteği
- 1 yemek kaşığı zeytinyağı
- Konserve limonlu kuskus için
- 100 gr kuskus
- bir tutam safran
- ½ konserve limon, ince kıyılmış
- 150ml sebze suyu
- ¼ salatalık
- 2 yemek kaşığı kişniş yaprağı
- 2 yemek kaşığı nane yaprağı
- 1 x 400g konserve nohut, süzülmüş ve durulanmış
- 2 yemek kaşığı sızma zeytinyağı
- Tatmak için limon suyu
- Deniz tuzu ve taze çekilmiş karabiber
- Hizmet etmek
- ½ çay kaşığı sumak
- limon dilimleri

talimatlar:

a) Kuskusu ısıya dayanıklı bir kaba alın. Havaneli ve havan kullanarak safranı toz haline getirin, ardından korunmuş limon ve sebze suyuyla birlikte küçük bir tencereye koyun. Kaynatın ve kuskusun üzerine dökün. İyice karıştırın, kaseyi streç filmle kapatın ve 5-10 dakika bekletin.

b) Bu arada, salatalığı ince ince doğrayın ve otları kabaca doğrayın.

c) Kuskusu açın ve bir çatalla kabartın. Salatalık, otlar, nohut, sızma zeytinyağı ve biraz limon suyu ekleyin. İyice karıştırın ve tuz ve karabiber ekleyin. Kenara koyun.

d) Orta-yüksek ateşte büyük, yapışmaz bir kızartma tavası yerleştirin. Ton balığı bifteklerini zeytinyağı ile gezdirin ve her iki tarafını da tuz ve karabiberle tatlandırın. Tava sıcakken ton balığını ekleyin ve her iki tarafını 2 dakika pişirin.

e) Kuskusu tabaklara paylaştırın ve üzerine ton balığını yerleştirin. Her tabağa sumak serpin ve limon dilimleri ve yeşil salata ile servis yapın.

**52. Rezene, Havuç ve Limonlu Fırında Çipura**

2 kişilik

**İÇİNDEKİLER:**
- 1 büyük havuç
- 2 bebek rezene soğanı
- 2 yemek kaşığı zeytinyağı
- 1 limonun kabuğu ve suyu
- 2 x 120 gr çipura filetosu
- 1 çay kaşığı rezene poleni (isteğe bağlı)
- Deniz tuzu ve taze çekilmiş karabiber

talimatlar:
a) Fırını 200°C/180°C Fan/Gaz 6'ya önceden ısıtın.
b) Yaklaşık 35x40 cm boyutlarında iki pişirme kağıdı kesin ve her birini uzunlamasına ikiye katlayın.
c) Havucu soyun ve ince şeritler halinde dilimlemek için bir mandolin veya sebze soyucu kullanın. Rezeneyi yapraklarını ayırarak kesin ve ampulü şeritler halinde ince ince dilimleyin.
d) Sebzeleri iki pişirme kağıdı arasında bölün ve katlamanın sağına yerleştirin. Üzerine bir çorba kaşığı yağ dökün, ardından ayrılmış yapraklar ve limon kabuğu rendesi serpin.
e) Keskin bir bıçak kullanarak çipura derisini çizin, ardından balık filetosunu deri tarafı yukarı gelecek şekilde sebzelerin üzerine yerleştirin ve tuz ve karabiber serpin. Her bir filetonun üzerine limon suyunu sıkın, ardından (kullanılıyorsa) rezene poleni serpin.
f) Balıkların üzerine pişirme kağıdını katlayın ve uzun kenarlarını üst üste katlayarak kapatın. Uçları bükün ve altına sokun. Paketleri bir fırın tepsisine koyun ve 8-10 dakika veya balık tamamen pişene kadar fırının üst rafına yerleştirin.
g) Kese kağıdındaki çipurayı taze patates ve yeşil salata ile servis edin.

## 53. Sarımsaklı ve Biberli Karidesler

2 kişilik

**İÇİNDEKİLER:**
- 4 yemek kaşığı zeytinyağı
- 6 diş sarımsak, soyulmuş ve ince kıyılmış
- 1 kırmızı biber, daha hafif bir vuruş istiyorsanız, ince doğranmış
- Bir tutam pul biber (isteğe bağlı)
- 600 gr çiğ kaplan karidesi
- 80ml manzanilla şeri
- 1 çay kaşığı domates püresi
- 200 gr çeri domates, dörde bölünmüş
- 25 gr tereyağı, 1 cm'lik küpler halinde kesilmiş
- 2 yemek kaşığı kıyılmış düz yaprak maydanoz
- Deniz tuzu ve taze çekilmiş karabiber

talimatlar:
a) Orta-yüksek ateşte büyük, yapışmaz bir kızartma tavası yerleştirin ve yağı ekleyin. Sıcakken sarımsak, kırmızı biber ve kırmızı pul biberi (kullanılıyorsa) ekleyin ve 1 dakika hafifçe karıştırın.
b) Karidesleri ekleyin ve bir tarafı pembeleşene kadar pişirin. Karideslerin her birini ters çevirin ve şeri, domates püresi ve çeri domatesleri ekleyin. 1-2 dakika veya karideslerin her tarafı pembeleşene kadar pişirin, ardından karidesleri bir tabağa aktarın. Karışımı tavada 2-3 dakika daha domatesler yumuşayana kadar pişirmeye devam edin.
c) Karidesleri tavaya geri koyun, tereyağı ve maydanozu ekleyin ve tadına göre baharatlayın. Lezzetli sosu temizlemek için yeşil salata ve biraz huysuz ekmek ile servis yapın.

## 54. Çin Usulü Fırında Levrek

2 kişilik
## İÇİNDEKİLER:
- 4 baby pak choi, uzunlamasına ikiye bölünmüş
- 125 gr ayıklanmış ince yeşil fasulye
- 100g bebek mısır, daha büyük olanlar uzunlamasına ikiye bölünmüş
- 2 x 180 gr levrek filetosu, derisi açık
- 5 cm parça taze kök zencefil, soyulmuş ve jülyen doğranmış
- 2 diş sarımsak, soyulmuş ve ince dilimlenmiş
- 1 uzun kırmızı biber, daha hafif bir etki istiyorsanız çekirdekleri çıkarılmış, ince dilimlenmiş
- ½ çay kaşığı mısır unu
- 2 yemek kaşığı soya sosu
- 1 yemek kaşığı istiridye sosu
- 1 yemek kaşığı susam yağı, artı servis için ekstra
- 4 yemek kaşığı Shaoxing pirinç şarabı
- Bir tutam toz beyaz biber
- Yasemin pirinci, servis etmek için

talimatlar:

a) Fırını 220°C/200°C Fan/Gaz 7'ye önceden ısıtın.

b) Yaklaşık 35x40 cm boyutlarında iki pişirme kağıdı kesin ve her birini uzunlamasına ikiye katlayın. Pak choi'yi her katın sağına yerleştirin. Fasulyeleri üstüne koyun, ardından mısırları fasulyelerin üzerine yerleştirin.

c) Her bir levrek filetoyu ortadan ikiye kesin ve iki yarıyı hafifçe üst üste gelecek şekilde sebzelerin üzerine yerleştirin.

d) Balığın üzerine zencefil, sarımsak ve acı biber serpin.

e) Mısır ununu soya sosuyla birlikte bir kaseye koyun ve iyice karışana kadar karıştırın. İstiridye sosu, susam yağı, pirinç şarabı ve beyaz biberi ekleyip tekrar karıştırın. Karışımı balıkların üzerine kaşıkla yayın.

f) Balıkların üzerine pişirme kağıdını katlayın ve kenarlarını üst üste katlayarak kapatın. Uçları bükün ve altına sokun. Paketleri bir fırın tepsisine koyun ve 15 dakika fırının üst rafına yerleştirin.

g) Kolileri iki servis tabağına alın, açın ve üzerine biraz susam yağı gezdirdikten sonra yaseminli pilav ile servis edin.

## 55. Limonlu Mayonezli Tuzlu ve Pembe Biberli Karides

4 kişilik

## İÇİNDEKİLER:
- 1 yemek kaşığı pembe biber
- ½ çay kaşığı deniz tuzu
- 2 limon kabuğu rendesi ve suyu
- 3 yemek kaşığı zeytinyağı
- 500 gr çiğ, soyulmuş kral karides
- 1 yemek kaşığı kaba kıyılmış kişniş
- Limonlu mayonez için
- 100 gr mayonez
- 1 misket limonunun suyu

talimatlar:
a) Bir havaneli ve harç kullanarak, karabiberleri ve tuzu kaba bir toz haline getirin.
b) Limon kabuğu rendesini ve suyunu geniş bir kaseye koyun, ardından zeytinyağı ve pembe biber karışımını ekleyin.
c) Karidesleri ekleyin ve temiz eller kullanarak iyice kaplanana kadar hafifçe fırlatın.
d) Mayonez ve limon suyunu küçük bir kapta karıştırın.
e) Orta-yüksek ateşte büyük, yapışmaz bir kızartma tavası yerleştirin ve çok sıcakken karidesleri ekleyin. Tüm karidesler pembeleşene ve tamamen pişene kadar düzenli olarak karıştırarak 2-3 dakika pişirin.
f) Karidesleri bir tabağa alın, üzerine kişniş serpin ve limonlu mayonez ve büyük bir yeşil salata ile hemen servis yapın.

## 56. Safranlı Mayonezli Kızarmış Barlam

4 kişilik

**İÇİNDEKİLER:**
- 300g İhale saplı brokoli
- 4 x 200 gr berlam balığı filetosu, derisi alınmış ve kılçıklı
- 1 yemek kaşığı kekik yaprağı
- 2 yemek kaşığı sızma zeytinyağı
- ½ portakalın kabuğu ve suyu
- 1 limon, dilimler halinde kesilmiş
- Safranlı mayonez için
- bir tutam safran
- 1 yemek kaşığı kaynar su
- 2 yumurta sarısı
- 2 küçük diş sarımsak, soyulmuş ve ezilmiş
- 1 yemek kaşığı Dijon hardalı
- 80ml zeytinyağı
- 80ml bitkisel yağ
- Tatmak için limon suyu
- Deniz tuzu ve taze çekilmiş karabiber

talimatlar:

a) Fırını 200°C/180°C Fan/Gaz 6'ya önceden ısıtın.

b) Havaneli ve havan kullanarak safranı toz haline getirin, ardından kaynar suyu ekleyin ve oturmaya bırakın.

c) Brokoliyi büyük bir kızartma tepsisine koyun ve berlam balığı filetolarını derili tarafı aşağı gelecek şekilde üstüne yerleştirin. Kekik, tuz ve karabiber serpin, ardından zeytinyağı ile gezdirin. Her berlam balığı parçasına biraz portakal kabuğu rendesi ekleyin.

d) Tepsiyi 10-15 dakika veya balık tamamen pişene ve brokoli hafifçe kömürleşene kadar yüksek raftaki fırına yerleştirin.

e) Bu arada mayonezi yapın. Yumurta sarısını, sarımsağı ve hardalı bir kaseye alın. İyice çırpın, ardından iki yağı, sürekli çırparken hafif bir akışla kaseye dökün. Safran suyu ve biraz tuz ve karabiber ekleyip tekrar çırpın. Tatmak için limon suyu ekleyin.

f) Tavuğu fırından çıkarın ve üzerine portakal suyunu sıkın. 2-3 dakika dinlendirin, ardından her tabağa büyük bir parça safran mayonez ve bir dilim limon koyarak servis yapın.

## 57. Nane Yoğurtlu Safranlı Tavuk Bazlama

2 kişilik

## İÇİNDEKİLER:
- bir tutam safran
- 1 yemek kaşığı kaynar su
- 500 gr kemiksiz derisiz tavuk budu
- 2 diş sarımsak, soyulmuş ve ezilmiş
- 1 çay kaşığı kekik yaprağı
- 1 limon kabuğu rendesi ve
- 4 yemek kaşığı süzme yoğurt
- 1 kırmızı soğan, soyulmuş ve 8 dilime bölünmüş
- 2 gözleme
- 2 büyük avuç karışık salata yaprağı
- 140 gr çeri domates, ikiye bölünmüş
- 2 yemek kaşığı çıtır kızarmış soğan (süpermarketlerden temin edilebilir), SERVİS ETMEK İÇİN (İSTEĞE BAĞLI)
- naneli yoğurt için
- 150 gr süzme yoğurt
- Küçük bir avuç nane yaprağı, ince kıyılmış
- Tatmak için limon suyu

## TALİMATLAR:
a) 4 adet bambu şişi en az 30 dakika suda bekletin. Fırını 240°C/220°C Fan/Gaz 9'a önceden ısıtın.
b) Havaneli ve havan kullanarak safranı toz haline getirin, ardından kaynar suyla örtün ve oturmaya bırakın.
c) Tavuğu 5 cm'lik parçalar halinde kesin ve sarımsak, kekik, limon kabuğu rendesi ve yoğurtla birlikte bir kaseye koyun. Tuz ve karabiber serpin, safranlı suyu ekleyin ve iyice karıştırın.
d) Tavuk parçalarını kırmızı soğanla dönüşümlü olarak şişlere geçirin. Yapışmaz yüzeyli fırın tepsisine dizip yüksek raflı fırında 12 dakika pişirin.
e) Bu sırada naneli yoğurdu yapın. Yoğurdu nane ile birleştirin, tatlandırmak için limon suyu ekleyin ve biraz tuz ve karabiber ekleyin. Gerekene kadar bir kenara koyun.

f) Yassı ekmekleri bir fırın tepsisine koyun ve birkaç dakika ısınması için fırının alt kısmına koyun.

g) Izgarayı önceden ısıtın. Tavuk 12 dakika piştikten sonra ızgaranın altına koyun ve 3-4 dakika daha altın rengi kahverengi olana ve tamamen pişene kadar pişirin.

h) Bazlamaları tabaklara alın ve ortasına naneli yoğurttan biraz yayın. Her birine bir avuç salata yaprağı ekleyin ve domatesleri aralarına paylaştırın. Pişen şişleri üstüne koyun ve üzerine kavrulmuş soğan serperek servis yapın.

## 58. Fas Tavuğu Tepsisi

4 kişilik

İÇİNDEKİLER:
- 200 gr bebek havuç
- 2 kırmızı soğan, soyulmuş ve her biri 8 dilime kesilmiş
- 2 yemek kaşığı zeytinyağı
- 2 yemek kaşığı ras-el-hanout
- 200ml tavuk suyu
- 150 gr kuskus
- 4 tavuk göğsü, derisi üzerinde
- 2 kabak
- 1 x 400g konserve nohut, süzülmüş ve durulanmış
- 50ml su
- 4 yemek kaşığı doğranmış kişniş
- Tatmak için limon suyu
- 15 gr ince kıyılmış Antep fıstığı
- Deniz tuzu ve taze çekilmiş karabiber
- Servis için gül yaprakları (isteğe bağlı)

Fırını 220°C/200°C Fan/Gaz 7'ye önceden ısıtın.

TALİMATLAR:
a) Bebek havuçları yıkayın, daha büyük olanları uzunlamasına ikiye bölün. Geniş bir fırın tepsisine soğanlarla birlikte koyun. 1 çorba kaşığı zeytinyağı gezdirin ve eşit şekilde kaplanana kadar 1 çorba kaşığı ras-el-hanout serpin. 10 dakika fırına koyun.
b) Tavuk suyunu küçük bir tencereye dökün, orta-yüksek ateşte koyun ve kaynatın. Kuskusu biraz tuz ve karabiberle bir kaseye koyun. Üzerine sıcak suyu dökün, üzerini streç filmle kapatın ve sıvıyı çekmesi için bir kenarda bekletin.
c) Tavuk derisini keskin bir bıçakla çizin, ardından tuz ve karabiber ekleyin ve üzerine ½ yemek kaşığı ras-el-hanout serpin.
d) Her kabağı uzunlamasına dörde ve sonra 5 cm uzunluğa kesin, ardından kalan ½ yemek kaşığı ras-el-hanout'u serpin. Tepsiyi ocaktan alıp kabak ve nohutları ekleyin. Üzerine tavuk göğüslerini

yerleştirin ve kalan yemek kaşığı zeytinyağını gezdirin. Tencerenin dibine kadar su ekleyin ve 15 dakika yüksek rafta fırına dönün.

e) Bu sırada kuskusu açın ve bir çatalla kabartın. Kişnişi ilave edin, ardından limon suyunu ve tadına bakmak için tuz ve karabiber ekleyin.

f) Kızartma tepsisini fırından çıkarın ve (kullanıyorsanız) antep fıstığı ve gül yaprakları serpin. Masaya getirin ve doğrudan tepsiden servis yapın.

## 59. Buffalo Tavuk ve Mavi Peynir Sosu

2 kişilik

**İÇİNDEKİLER:**
- 8 tavuk mini fileto
- 300ml ayran
- 1½ çay kaşığı sarımsak granülleri
- 1½ çay kaşığı soğan tozu
- 1 çay kaşığı kuru kekik ½ çay kaşığı acı biber
- Bitkisel yağ, kızartmak için
- 150 gr sade un
- 80ml Acılı Kanat Sos
- Deniz tuzu ve taze çekilmiş karabiber
- pansuman için
- 50 gr süzme yoğurt
- 50 gr ekşi krema
- 1 yemek kaşığı mayonez
- 35 gr mavi peynir, ufalanmış
- Limon suyunu sıkın
- 2 çizgi Worcestershire sosu
- Hizmet etmek
- kereviz çubukları
- Küçük taş marul yaprakları

talimatlar:
a) Fırını 140°C/120°C Fan/Gaz 1'e önceden ısıtın.
b) Tavuğu ayran, sarımsak granülleri, soğan tozu, kekik, kırmızı biber ve biraz tuz ve karabiber ile bir kaseye koyun. İyice karıştırın.
c) Üçte bir oranında yağı büyük bir tavada 190°C'ye veya bir küp ekmek 25 saniyede kızarana kadar ısıtın.
Bu arada, tüm sos malzemelerini birlikte karıştırın. Tatmak için mevsim.
d) Unu sığ bir kaba koyun, biraz tuz ve karabiber ekleyin ve iyice karıştırın. Üzerinde mümkün olduğu kadar ayran olacak şekilde marine sosundan bir mini fileto alın ve una bulayın. Bu adımı 3 fileto daha ile tekrarlarken bir tabağa aktarın.

e) Yağ sıcaklığa ulaştığında, kaplanmış filetoları dikkatlice ekleyin ve 4-5 dakika veya koyu altın rengi kahverengi olana ve tamamen pişene kadar pişirin. Mutfak kağıdına boşaltın, ardından bir fırın tepsisine aktarın ve sıcak kalması için fırına koyun.

f) Yağı tekrar sıcaklığa getirirken kalan tavuk filetolarını unlayın. Yeterince ısındığında filetoları dikkatlice ekleyin ve 4-5 dakika pişirin. Mutfak kağıdına boşaltın, ardından diğer filetolarla birlikte sıcak tutun.

g) Red Hot Wings Sos ve mavi peynir sosunu servis kaselerine dökün ve tavuk yanında kereviz çubukları ve marul ile servis edin.

## 60. Yabani Sarımsak Türkiye Kievs

2 kişilik

## İÇİNDEKİLER:
- 100g tereyağı, yumuşatılmış
- 2 yemek kaşığı kabaca kıyılmış tarhun
- ½ limon kabuğu rendesi
- 2 küçük diş sarımsak, soyulmuş ve ezilmiş
- Büyük bir avuç yabani sarımsak, kabaca doğranmış
- 1 yumurta
- 50 gr sade un
- 50ml süt
- 75 gr panko galeta unu
- 1 yemek kaşığı ince kıyılmış maydanoz veya dereotu
- 4 x 100 gr hindi eskalop
- 150 gr ayıklanmış ince yeşil fasulye
- Bitkisel yağ, kızartmak için
- Deniz tuzu ve taze çekilmiş karabiber

talimatlar:
a) Tereyağı, tarhun, limon kabuğu rendesi, sarımsak ve yabani sarımsağı küçük bir mutfak robotuna koyun. Biraz tuz ve karabiber ekleyin ve iyice birleşene kadar karıştırın.
b) Yumurta, un ve sütü derin bir kaba alıp karıştırarak hamur haline getirin.
c) Panko ekmek kırıntılarını maydanozla ikinci bir sığ kapta karıştırın.
d) 2 adet yufkayı streç film üzerine hafifçe üst üste gelecek şekilde yerleştirin. Onları birleştirmek ve eti eşit kalınlıkta yapmak için bir oklava ile hafifçe vurun.
e) Birleştirilen eskalopun bir yarısına yabani sarımsak yağının yarısını, çevresinde 1,5 cm'lik bir kenarlık bırakarak koyun. Kenarların etrafına biraz hamur yayın, ardından eskalopu sarımsaklı tereyağının üzerine katlayın ve iyice kapatmak için aşağı doğru bastırın. Kalan şev ile 4. ve 5. adımları tekrarlayın.

f) Her Kiev'i hamura batırın, eşit şekilde kaplandıklarından emin olun, ardından panko galeta unuyla kaplayın. Onları 5 dakika buzdolabına koyun.

g) Bu arada yeşil fasulyeleri tuzlu kaynar suda yumuşayana kadar pişirin. Süzün ve ihtiyaç duyulana kadar sıcak tutun.

h) Orta-yüksek ateşte bir sote tavası yerleştirin ve 2 cm derinliğinde yağ ekleyin. Sıcakken, her bir Kiev'i dikkatlice yağa koyun ve her iki tarafını 3-4 dakika veya derin altın rengi olana ve tamamen pişene kadar pişirin. Mutfak kağıdına boşaltın ve yeşil fasulye ile hemen servis yapın.

# 61. Sarımsaklı Pilav ile Çin Usulü Zencefilli Tavuk

4 kişilik

**İÇİNDEKİLER:**
- 4 tavuk göğsü, derisi üzerinde
- 4 cm parça taze kök zencefil, soyulmuş ve jülyen doğranmış
- 6 adet taze soğan – 4 adet temizlenmiş ve ikiye bölünmüş; 2, sadece yeşil kısım, ince dilimlenmiş, servis için
- 500 ml tavuk suyu
- 2 yemek kaşığı Shaoxing pirinç şarabı
- 1 yemek kaşığı hafif soya sosu Deniz tuzu
- Sarımsaklı pilav için
- 260 gr yasemin pirinci
- 1 yemek kaşığı bitkisel yağ
- 1 yemek kaşığı susam yağı
- 3 büyük diş sarımsak, soyulmuş ve ince kıyılmış
- 500 ml tavuk suyu Bir tutam toz beyaz biber

talimatlar:
a) Fırını 200°C/180°C Fan/Gaz 6'ya önceden ısıtın.
b) Tavuk göğsünün derisini çıkarın ve fazla yağını keskin bir bıçakla sıyırın. Cildin her iki tarafını da tuzlayın ve bir fırın tepsisine yerleştirin. Cildi düz tutmak için üstüne başka bir fırın tepsisi yerleştirin ve 12-15 dakika veya altın rengi ve gevrek olana kadar fırına koyun. Soğuması için kenara alın.
c) Tavuk göğsü, zencefil, yarım taze soğan ve 500 ml tavuk suyunu bir tencereye koyun, yüksek ateşte ısıtın ve kaynatın.
d) Bu sırada yasemin pirincini üç kez yıkayın ve iyice süzün. Bitkisel yağı ve susam yağını bir tencerede ısıtın, ardından sarımsağı ekleyin ve 2 dakika pişirin. Pirinci, 500 ml tavuk suyunu ve karabiberi ekleyin ve kaynatın. Tavaya bir kapak yerleştirin, ısıyı düşürün ve 5-8 dakika veya pirinç pişene kadar pişirin.
e) Tavuk tavası kaynadıktan sonra, ısıyı azaltın ve 5 dakika hafifçe pişirin. Tavuğu tavadan çıkarın ve dinlenmeye bırakın. Taze soğanları atın, ardından suyu hızla kaynama noktasına getirin. Shaoxing şarabı ve soya sosu ekleyin ve 5 dakika daha pişirin.
f) Pirinci kaselere paylaştırın, ardından tavuğu dilimleyin ve üstüne koyun. Stoku üzerine koyun ve taze soğan yeşillikleri ile süsleyin. Hizmet etmek için her kasenin üzerine bir parça tavuk derisi ufalayın.

## 62. Romesco Soslu Çıtır Tavuk Butları

2 kişilik

**İÇİNDEKİLER:**
- 4 tavuk budu, kemiği ve derisi üzerinde
- 2 yemek kaşığı zeytinyağı
- 100g kavolo nero
- 1 yemek kaşığı su
- 120 gr Padron biberi
- Deniz tuzu ve taze çekilmiş karabiber
- sosu için
- 150 gr közlenmiş biber, kavanozdan
- 1 diş sarımsak, soyulmuş ve ezilmiş
- 20 gr kavrulmuş beyazlatılmış badem
- 1 yemek kaşığı şeri sirkesi
- ¼ çay kaşığı tatlı füme kırmızı biber
- 20 gr ekşi mayalı ekmek, kabuğu alınmış
- 40ml sızma zeytinyağı

talimatlar:
a) Fırını 200°C/180°C Fan/Gaz 6'ya önceden ısıtın.
b) Tavuk butlarını tuz ve karabiberle tatlandırın. Büyük, fırına dayanıklı bir kızartma tavasını yüksek ateşte yerleştirin. Sıcakken 1 yemek kaşığı zeytinyağı ekleyin ve tavuk butlarını derili tarafı alta gelecek şekilde koyun. Isıyı orta seviyeye düşürün ve tavuğu 8 dakika pişirin.
c) Tavuk derisi altın rengi kahverengi ve gevrek olduğunda, butları ters çevirin ve cavolo nero ve suyu ekleyin. Biraz tuz ve karabiber ekleyin, ardından tüm tavayı 8 dakika fırına koyun.
Bu arada, tüm romesco sosu malzemelerini küçük bir mutfak robotuna biraz tuz ve karabiber ekleyin ve pürüzsüz olana kadar karıştırın.
d) Yüksek ateşte küçük bir kızartma tavası yerleştirin. Çok sıcakken kalan yemek kaşığı zeytinyağını, Padrón biberlerini ve bir tutam tuz ekleyin. 4-5 dakika veya biberlerin kabukları kabarıp yumuşayana kadar pişirin.
e) Tavuğu tavadan çıkarın ve dinlenmeye bırakın. Cavolo nero'yu tava suyuyla karıştırın ve tavuk, Padrón biberleri ve cömert bir kaşık dolusu romesco sosuyla servis edin.

**63. Tay Biber ve Fesleğenli Tavuk**

4 kişilik

**İÇİNDEKİLER:**
- 350 gr yasemin pirinci
- 600ml su
- 3 derisiz, kemiksiz tavuk göğsü, ince dilimlenmiş
- 5 diş sarımsak, soyulmuş ve ince kıyılmış
- 4 Tay kuş gözü biberi, ince dilimlenmiş
- 1 soğan, soyulmuş ve kalın dilimlenmiş
- 150g Yumuşak saplı brokoli, 5 cm uzunluğunda kesilmiş
- 150 gr ince yeşil fasulye, ayıklanmış ve ikiye bölünmüş
- Yaklaşık 4 yemek kaşığı sıvı yağ
- 2 yemek kaşığı istiridye sosu
- 1 yemek kaşığı soya sosu
- 80ml tavuk suyu
- 2 yemek kaşığı balık sosu
- 1 yemek kaşığı pudra şekeri
- 1 yemek kaşığı mısır unu
- 1 yemek kaşığı su
- Büyük bir avuç Tay fesleğen yaprağı
- Küçük bir avuç normal fesleğen yaprağı
- Deniz tuzu ve öğütülmüş beyaz biber

talimatlar:
a) Pirinci, su berraklaşana kadar üç kez yıkayın, ardından ölçülü su ve bir tutam tuzla birlikte bir tencereye koyun. Kaynamaya bırakın, ardından ısıyı düşük kaynama noktasına getirin ve tavaya bir kapak yerleştirin. 10-12 dakika daha veya sıvı gidene ve pirinç pişene kadar pişirin.
b) Bu sırada etleri ve tüm sebzeleri tavada kızartmak için hazırlayın. Tavuğu tuz ve beyaz biberle tatlandırın.
c) Wok'u dumanı tütene kadar çok yüksek bir ateşe koyun. 1 çorba kaşığı bitkisel yağ ekleyin ve tavuğun dörtte birini 1 dakika veya hafifçe kızarana kadar karıştırarak kızartın. Wok tavasını hızla ocaktan alın ve tavuğu bir tabağa aktarın. Wok'u tekrar ateşe

koyun ve kalan tavuğu aynı şekilde gerektiği kadar yağ ekleyerek pişirin.

d) İstiridye sosu, soya sosu, tavuk suyu, balık sosu ve şekeri küçük bir kapta birleştirin. Ayrı bir kapta mısır ununu su ile karıştırın.

e) Wok'u tekrar ateşe koyun, gerekirse daha fazla yağ ekleyin, ardından sarımsakları ve acı biberlerin yarısını 1 dakika karıştırarak kızartın.

f) Soğanı ekleyin ve 2 dakika karıştırarak kızartın. Brokoli ve yeşil fasulyeleri ekleyin ve 2 dakika pişirin, eğer yapışmaya başlarlarsa biraz su ekleyin.

g) Tavuğu wok'a geri koyun ve 2-3 dakika daha pişirin.

h) Wok'a istiridye ve soya sosu karışımını ekleyin, ardından mısır unu ezmesini ve Tay fesleğen yapraklarını karıştırın ve 1 dakika daha pişirin.

i) Pirinci ve tavada kızartın ve servis yapmadan önce kalan biberleri ve fesleğen yapraklarını serpin.

**64. tavuk ramen**

2 kişilik

**İÇİNDEKİLER:**
- 2 yumurta
- 2 yemek kaşığı bitkisel yağ
- 2 tavuk göğsü, derisi üzerinde
- 100 gr ramen eriştesi
- 2 avuç dolusu baby ıspanak
- 2 avuç dolusu kuru fasulye
- 1 litre tavuk suyu
- 1 yemek kaşığı beyaz miso ezmesi
- 2 çay kaşığı dashi tozu
- 2 yemek kaşığı soya sosu
- 3 diş sarımsak, soyulmuş ve ince dilimlenmiş
- 4 cm parça taze kök zencefil, soyulmuş ve jülyen doğranmış
- 2 yemek kaşığı sake (Japon pirinç şarabı)
- 1 uzun kırmızı biber, daha hafif bir vuruş istiyorsanız çekirdekleri çıkarılmış, açılı olarak ince dilimlenmiş
- 2 taze soğan, kesilmiş ve açılı olarak ince dilimlenmiş
- 1 tatlı kaşığı furikake baharatı
- Deniz tuzu ve öğütülmüş beyaz biber
- Servis için susam yağı

talimatlar:
a) Bir su ısıtıcısını kaynatın, bir tencereye dökün ve yüksek ateşte tekrar kaynatın. Yumurtaları yavaşça içine indirin ve hafif akıcı bir sarısı için 5-6 dakika pişirin.
b) Bu arada, bitkisel yağı yapışmaz bir tavaya koyun ve yüksek ateşte ısıtın. Tavuk göğüslerini tuz ve biraz beyaz biberle çeşnilendirin ve derili tarafı alta gelecek şekilde tavaya yerleştirin. Orta ateşte 4-5 dakika bir tarafını pişirin.
c) Oluklu bir kaşık kullanarak, pişmelerini durdurmak için yumurtaları bir kase soğuk suya aktarın.
d) Tenceredeki suya biraz tuz ekleyin ve tekrar kaynatın. Erişteleri ekleyin ve 3-4 dakika veya sadece yumuşayana kadar pişirin. İki

servis kasesi arasında boşaltın ve bölün. Her kaseye bir avuç bebek ıspanak ve bir avuç fasulye filizi ekleyin.

e) Yumurtaları dikkatlice soyun ve uzunlamasına ikiye bölün.

f) Tavuk suyunu bir tencereye dökün, miso ezmesi, dashi tozu ve soya sosu ekleyin, ardından tavayı orta ateşte ısıtın.

g) Tavuk göğsünü ters çevirin ve tavaya sarımsak ve zencefil ekleyin. Sarımsak ve zencefili sık sık karıştırarak 2-3 dakika daha pişirin. Sake ekleyin ve 2 dakika daha pişirin.

h) Tavuklar pişince dinlenmesi için ocaktan alın. Sarımsak ve zencefil ile birlikte tava sularını tavuk suyuna ekleyin ve iyice karıştırın.

i) Tavuğu dilimleyin ve eriştelerin üzerine yerleştirin. Et suyunun üzerine gezdirin ve kırmızı biber, taze soğan, mikro otlar ve furikake çeşnisiyle süsleyin. İkiye bölünmüş yumurtaları kaselere ekleyin, biraz susam yağı gezdirin ve servis yapın.

## 65. Pak Choi ile Kızarmış Ördek Göğsü

4 kişilik

**İÇİNDEKİLER:**
- 4 ördek göğsü
- 4 pak choi, ikiye bölünmüş
- 250ml portakal suyu
- 50ml soya sosu
- 2 cm parça taze kök zencefil, soyulmuş ve rendelenmiş
- 50 gr tereyağı
- 50 gr sıvı bal
- 1 yemek kaşığı siyah ve beyaz susam
- Deniz tuzu ve taze çekilmiş karabiber
- Pişmiş pilav, servis için

talimatlar:
a) Fırını 200°C/180°C fan/Gaz 6'ya önceden ısıtın ve ısıtmak için içine bir fırın tepsisi yerleştirin.
b) Çok keskin bir bıçak kullanarak ördek göğsünün derisini önce bir yönde, sonra diğer yönde çapraz çizgilerle çizin, böylece baklava desenini elde edersiniz. Tuz ve karabiberle iyice tatlandırın.
c) Ördek göğüslerini derili tarafı alta gelecek şekilde yapışmaz, fırına dayanıklı bir tavaya koyun. Tavayı orta-yüksek ateşte yerleştirin ve 7 dakika veya yağ işlenene ve cilt gevrek ve altın rengi olana kadar pişirin.
d) Ördek göğüslerini ters çevirin ve kızartma tavasını 3-4 dakika fırına koyun. Ördeği sıcak bir tabağa aktarın ve 2-3 dakika dinlenmeye bırakın.
e) Bu sırada kızartma tavasını ocağa geri koyun ve ikiye bölünmüş pak choi'yi ekleyin. 2 dakika veya renklenmeye başlayana kadar pişirin, ardından portakal suyu, soya sosu, zencefil ve tereyağı ekleyin ve kaynamaya bırakın. Balı karıştırın ve kalın bir sos haline getirin.
f) Servis yapmak için ördeği açılı olarak dilimleyin ve pak choi ve biraz pişmiş pirinçle tabağa koyun. Servis yapmadan önce sosu üzerine dökün ve susam serpin.

**66.** **Pancetta sarılı Havuçlu Beç Tavuğu**

2 kişilik

**İÇİNDEKİLER:**
- 12 ince dilim pancetta
- 2 derisiz beç tavuğu göğsü
- 1 yemek kaşığı hafif zeytinyağı
- 1 muz arpacık, soyulmuş ve ince doğranmış
- 1 çay kaşığı tam tahıllı hardal
- 1 çay kaşığı Dijon hardalı
- 1 çay kaşığı kekik yaprağı
- 50 ml sek beyaz şarap
- 150 ml tavuk suyu
- 125 ml çift krema
- Sırlı havuç için
- 300 gr Chantenay havuç
- 40 gr tereyağı
- 250 ml tavuk suyu
- 1 çay kaşığı bal
- 1 yemek kaşığı ince kıyılmış düz yaprak maydanoz
- Deniz tuzu ve taze çekilmiş karabiber

talimatlar:
a) Fırını 220°C/200°C Fan/Gaz 7'ye önceden ısıtın.
b) Havuçları yıkayın ve tereyağı, tavuk suyu ve balla birlikte geniş bir tavaya koyun. Biraz tuz ve karabiber ekleyin ve yüksek ateşte koyun. Kaynatın, ardından ısıyı güçlü bir kaynamaya getirin ve havuçlar yumuşayana kadar ara sıra karıştırarak yaklaşık 15 dakika pişirin.
c) Bu arada, 6 dilim pancetta'yı bir doğrama tahtası üzerine hafifçe üst üste gelecek şekilde yerleştirin. Beç tavuğu göğüslerini baharatlayın ve bir tanesini pancetta'nın ortasına yerleştirin. Pancetta'yı etrafına sarın, ardından bu adımı ikinci adımla tekrarlayın.
d) Yapışmaz bir kızartma tavasını yüksek ateşte koyun. Sıcakken yağı, ardından beç tavuğu göğsünü ekleyin ve her iki tarafını 2-3

dakika veya pancetta'nın her tarafı altın rengi kahverengi olana kadar pişirin. Küçük bir fırın tepsisine aktarın ve 5 dakika fırına koyun.

e) Kızartma tavasını tekrar ateşe koyun, arpacık soğanı ekleyin ve 2 dakika veya yumuşayana kadar pişirin. Hardalları ve kekik yapraklarını ilave edin, ardından şarabı ekleyin ve yüksek ateşte yarı yarıya azalmasına izin verin. Et suyu ve kremayı ekleyin, biraz tuz ve karabiber ekleyin ve sos koyulaşana kadar azaltın.

f) Beç tavuğu fırından çıkarın, sıcak tutun ve 10 dakika dinlendirin.

g) Havuçları kontrol edin - pişmeli ve sos sır haline gelmelidir. Maydanozu ilave edin ve tavayı ocaktan alın.

h) Gine tavuğu göğüslerini sırlanmış havuçla birlikte servis edin, üzerine sosu gezdirin veya küçük garnitürlerde servis yapın.

# ÇORBALAR

## 67. Peynirli Tostlu Karnabahar Çorbası

4 kişilik

**İÇİNDEKİLER:**
- 2 yemek kaşığı zeytinyağı
- 20 gr tereyağı
- 1 soğan, soyulmuş ve ince doğranmış
- 2 diş sarımsak, soyulmuş ve dilimlenmiş
- Küçük bir avuç adaçayı yaprağı
- 1 x 800 gr karnabahar
- 500 ml tavuk veya sebze suyu
- 200ml tam yağlı süt
- 200ml çift krema
- Deniz tuzu ve taze çekilmiş karabiber
- Kahverengi tereyağı için
- 40 gr tereyağı
- 1 yemek kaşığı trüf yağı
- Bir avuç adaçayı yaprağı
- Peynirli tostlar için
- Çapraz olarak ince dilimlenmiş 4 dilim baget
- 120 gr rendelenmiş peynir karışımı (mozzarella, Cheddar, mavi ve Gruyère veya buzdolabında ne varsa bunların karışımı)

talimatlar:
a) Izgarayı önceden ısıtın.
b) Büyük bir tencereyi orta ateşte koyun ve sıvı yağ ve tereyağını ekleyin. Tereyağı eriyince soğan ve sarımsağı ekleyip 5 dakika pişirin. Adaçayı yapraklarını ekleyin ve bir dakika daha pişirin.
c) Bu sırada karnabaharı yapraklarını ayırıp çiçeklerini ayırarak hazırlayın. Kabaca aynı boyutta küçük parçalar halinde doğrayın.
d) Doğranmış karnabaharı ve suyu tavaya ekleyin. Tuz ve karabiber ekleyin, kaynatın ve 5 dakika pişirin. Süt ve kremayı ekleyip 8 dakika daha pişirin.
e) Bu arada, kahverengi tereyağını yapın. Tereyağını küçük bir tencereye koyun ve yüksek ateşte ısıtın. Kahverengileşmeye

başladığında tavayı ocaktan alın ve trüf yağı ve adaçayı yapraklarını ekleyin. İyice karıştırın ve soğumaya bırakın.

f) Şimdi tostları yap. Baget dilimlerini bir fırın tepsisine koyun ve 2-3 dakika veya bir tarafı hafif altın rengi olana kadar ızgara yapın. Her dilimi ters çevirin, ardından rendelenmiş peynirle bolca serpin. 4 dakika daha veya peynir eriyip altın rengi olana kadar ızgaranın altına yerleştirin.

g) Karnabahar pişince, karışımı pürüzsüz olana kadar bir el blenderi ile karıştırın. Baharatı kontrol edin ve gerekirse ayarlayın. Çorbayı kaselere paylaştırın ve üzerine kahverengi tereyağı ve adaçayı yapraklarını gezdirin. Yanında peynirli tostlarla servis yapın.

68. <u>Tavuk ve Shiitake Şehriye Çorbası</u>

4 kişilik

## İÇİNDEKİLER:
- 1,5 litre tavuk suyu
- 4 tavuk budu, derisi üzerinde
- 12 adet kurutulmuş şitaki mantarı
- 2–3 cm parça taze kök zencefil, soyulmuş ve jülyen doğranmış
- 1 yıldız anason
- 2 taze soğan, ayıklanmış ve ikiye bölünmüş
- 100ml Shaoxing pirinç şarabı
- 180 gr yumurtalı erişte
- 2 yemek kaşığı soya sosu
- 200g choi toplamı
- Deniz tuzu ve öğütülmüş beyaz biber
- Hizmet etmek
- 80 gr bambu filizi
- Asya mikro otları veya kişniş yaprakları
- 2 çay kaşığı susam yağı

talimatlar:
a) Bir tencereyi yüksek ateşte koyun. Tavuk suyuna dökün, ardından tavuk butlarını ve mantarları ekleyin.
b) Zencefili yıldız anason, taze soğan ve pirinç şarabı ile birlikte tavaya ekleyin. Büyük bir tutam deniz tuzu ve küçük bir tutam beyaz biberle tatlandırın.
c) Çorbayı kaynatın, yüzeye çıkabilecek tüm safsızlıkları temizleyin. Kaynattıktan sonra, ısıyı güçlü bir kaynamaya düşürün ve 10 dakika pişirin.
d) Bu arada, kaynatmak için bir su ısıtıcısı getirin. Temiz bir tencereye yüksek ateşte dökün ve tuz ekleyin. Erişteleri ekleyin ve 3-4 dakika veya sadece yumuşayana kadar pişirin. Erişteleri süzün ve soğuyana kadar akan soğuk suyun altında tutun. Tekrar boşaltın ve gerekene kadar bir kenara koyun.
e) Bir tavuk butunu et suyundan çıkarın ve en kalın kısmını keskin bir bıçağın ucuyla delip pişip pişmediğini kontrol edin; meyve suları

pembeleşmeden berrak akmalıdır. Pişmişse, tüm tavuk parçalarını ve mantarları et suyundan çıkarın ve bir kenara koyun.

f) Oluklu bir kaşık kullanarak yıldız anasonu, zencefili ve taze soğanı et suyundan çıkarın ve tekrar yüksek ısıya getirin. Baharat için soya sosu ve tadı ekleyin.

g) Choi sum'u kabaca 7 cm boyunda doğrayın ve saplarını yapraklı kısımlarından ayırın. Sapları tencereye ekleyin ve 2 dakika pişmeye bırakın.

h) Tavuk budundaki deriyi çıkarın ve kemikleri atarak eti parçalayın.

i) Choi sum'u et suyuna ekleyin ve ocağı kapatın.

j) Erişteleri dört kase arasında bölün ve üzerine shiitake mantarları, tavuk ve choi sum ekleyin, ardından et suyunun üzerine koyun.

k) Bambu filizleri ve mikro otlar ve bir çiseleyen susam yağı ile süsleyin.

## 69. Ezilmiş Cevizli Kereviz ve Elma Çorbası

4-6 kişilik

**İÇİNDEKİLER:**
- 1 soğan, soyulmuş ve kabaca doğranmış
- 1 kereviz (600–800 gr), soyulmuş ve doğranmış
- 2 Cox elması, soyulmuş, özlü ve kabaca doğranmış
- 2 yemek kaşığı zeytinyağı
- 1 yemek kaşığı kekik yaprağı
- 1 litre sebze suyu
- Deniz tuzu ve taze çekilmiş siyah veya beyaz biber
- Hizmet etmek
- Büyük bir avuç ceviz, kabaca doğranmış
- Üzerine gezdirmek için sızma zeytinyağı

talimatlar:
a) Soğanı, kerevizi ve elmaları listelendiği gibi hazırlayın.
b) Büyük bir tencereyi orta ateşte koyun ve zeytinyağını ekleyin. Sıcakken soğanı bir tutam tuzla ekleyin ve 4-5 dakika veya yumuşayıncaya kadar ancak renksiz olana kadar pişirin.
c) Kereviz, elma ve kekik yapraklarını ekleyip 5 dakika pişirin.
d) Sebze suyunu dökün ve kaynatın. 5 dakika daha veya kereviz yumuşayana kadar kaynamaya devam edin.
e) Tavayı ocaktan alın ve iyice karıştırmak için bir çubuk karıştırıcı kullanın. Tuz ve karabiberle tatlandırın, ardından tadın ve gerekirse daha fazla baharat ekleyin.
f) Sıcak kaselere koyun, kıyılmış ceviz serpin ve servis yapmadan önce biraz sızma zeytinyağı gezdirin.

70. <u>Baharatlı Kabak ve Mercimek Çorbası</u>

4 kişilik

**İÇİNDEKİLER:**
- 1 yemek kaşığı hafif zeytinyağı
- 40 gr tereyağı
- 1 soğan, soyulmuş ve doğranmış
- 1 çay kaşığı kimyon tohumu
- 4 diş sarımsak, soyulmuş
- 5 cm'lik parça taze kök zencefil, soyulmuş
- 2 kırmızı biber, daha hafif bir vuruş istiyorsanız, çekirdekleri çıkarılmış
- 1 çay kaşığı hafif köri tozu 1 kg balkabagi
- 1,2 litre tavuk veya sebze suyu
- 250 gr kırmızı mercimek
- 250 ml hindistan cevizi kreması
- Deniz tuzu ve taze çekilmiş karabiber
- Süslemek için
- 2 yemek kaşığı hafif zeytinyağı
- 1 çay kaşığı kimyon tohumu
- Büyük bir avuç taze köri yaprağı
- ½ çay kaşığı hafif köri tozu
- 1 kırmızı biber, daha hafif bir etki istiyorsanız çekirdekleri çıkarılmış, ince dilimlenmiş

talimatlar:
a) Yağı ve tereyağını büyük bir tencerede orta ateşte ısıtın. Tereyağı eriyince soğan ve kimyon tohumlarını ekleyip 2-3 dakika pişirin.
b) Bu arada sarımsak, zencefil ve acı biberleri küçük bir mutfak robotuna koyun ve bir macun haline gelene kadar karıştırın. Bunu köri tozuyla birlikte tavaya ekleyin ve 2-3 dakika daha pişirin.
c) Kabuğu soyup tüm tohumları bir kaşıkla çıkararak kabağı hazırlayın. Eti 1 cm'lik küpler halinde kesin ve et suyuyla birlikte tavaya ekleyin. Isıyı yükseğe yükseltin ve kaynatın.
d) Mercimekleri ekleyin ve 10 dakika pişirin.

e) Hindistan cevizi kremasını küçük bir kaseye koyun ve pürüzsüz olana kadar çırpın. 6 yemek kaşığını üzeri için ayırın ve kalanını tavaya ekleyin. Kabak yumuşayana ve mercimekler pişene kadar yüksek ateşte pişirin.

f) Çorba pişerken küçük bir tavada süslemek için sıvı yağı kızdırın. Sıcakken kimyon tohumlarını, köri yapraklarını ve köri tozunu ekleyin. İyice karıştırdıktan sonra tavayı ocaktan alın.

g) Bir çubuk karıştırıcı kullanarak çorbayı pürüzsüz olana kadar karıştırın, ardından tuz ve karabiber ekleyin ve ayrı kaselere koyun. Ayrılmış hindistancevizi kreması ve köri yağı üzerine gezdirin. Servis yapmadan önce birkaç dilim kırmızı biber serpin.

# MAKARNA VE TAHILLAR

## 71. Parmesan Cipsli Cacio e Pepe

2 kişilik

**İÇİNDEKİLER:**
- 60 gr Parmesan peyniri, ince rendelenmiş
- 200 gr bucatini
- 1½ çay kaşığı karabiber
- 100 gr tereyağı
- 20 gr pecorino peyniri, ince rendelenmiş
- Deniz tuzu

talimatlar:
a) Fırını önceden 200°C/180°C fanlı/Gazlı 6'da ısıtın. Bir fırın tepsisini fırın kağıdıyla kaplayın.
b) Cips yapmak için Parmesan'ın yarısını alın ve hazırlanan tepsiye dört eşit yığın halinde yerleştirin. 10-12 dakika veya Parmesan altın rengi kahverengiye dönene kadar fırının yüksek rafına yerleştirin. Kenara koyun.
c) Kaynamaya bir su ısıtıcısı getirin. Bir tencereyi yarısına kadar doldurun, tuzlayın ve tekrar kaynatın. (Suyun olabildiğince nişastalı hale gelmesi için makarnayı kaplayacak kadar su eklemek önemlidir.) Makarnayı ekleyin, iyice karıştırın ve 10 dakika veya al dente olana kadar pişirin.
d) Bu sırada karabiberleri kuru bir tavada aroması çıkana kadar kavurun. Bir tokmak ve havan kullanarak, kabaca öğütün.
e) Orta ateşte büyük bir sote tavası koyun ve içinde tereyağını eritin. Toz biberi ekleyip köpürtün ve makarnanın suyundan bir kepçe alarak kaynamaya bırakın. Sosu emülsifiye etmek için tavayı çevirin veya içindekileri çırpın.
f) Makarnayı maşayla sudan çıkarın ve ikinci bir kepçe su ve kalan Parmesan ile sote tavasına ekleyin. Kaplamak için iyice karıştırın ve gerekirse daha fazla makarna suyu ekleyin.
g) Tavayı birleştirmek için fırlatarak pecorino ve tuzu ekleyin.
h) Üstüne ufalanmış Parmesan cipsleri ile kaselerde servis yapın.

## 72. Domates, Mascarpone ve Pancetta Rigatoni

4 kişilik
**İÇİNDEKİLER:**
- 3 yemek kaşığı zeytinyağı
- 250 gr doğranmış pancetta veya tütsülenmiş domuz pastırması
- 1 büyük soğan, soyulmuş ve ince doğranmış
- 3 diş sarımsak, soyulmuş ve ince kıyılmış
- 1 çay kaşığı İtalyan baharatı
- 100 gr güneşte kızaran domates, kabaca doğranmış
- 1 x 400g konserve doğranmış domates
- 200ml tavuk suyu
- 200 gr mascarpone peyniri
- 400 gr rigatoni
- 20g Parmesan peyniri, ince rendelenmiş, artı servis için ekstra
- Küçük bir avuç fesleğen yaprağı, kabaca doğranmış
- Deniz tuzu ve taze çekilmiş karabiber

talimatlar:

a) Orta-yüksek ateşte büyük bir sote tavası yerleştirin ve yağı ekleyin. Sıcakken pancetta'yı ekleyin ve 3-4 dakika veya gevrek ve altın rengi olana kadar pişirin. Tavadan büyük bir kaşık alın ve mutfak kağıdının üzerine süzün, ardından garnitür olarak kullanmak üzere bir kenara koyun.

b) Soğanı tavaya ekleyin ve yumuşayana kadar pişirin, ardından sarımsağı ekleyin ve 2 dakika pişirin.

c) İtalyan çeşnisini, bol miktarda domatesi, tavuk suyunu ve mascarponeyi ilave edin. Hafif bir kaynamaya getirin ve 10 dakika veya hafifçe kalınlaşana kadar pişirin.

d) Bu arada, kaynatmak için bir su ısıtıcısı getirin. Bir tencereye dökün, tuzlayın ve tekrar kaynatın. Makarnayı ekleyin, ardından karıştırın ve 10 dakika veya al dente olana kadar pişirin. Suyunu ayırarak makarnayı süzün.

e) Makarnayı sosa ekleyin ve kaplamak için iyice karıştırın. Gerekirse bir kepçe makarna suyundan ilave edin. Tatmak için baharatlayın, ardından Parmesan ve fesleğen ekleyin ve tekrar karıştırın.

f) Sıcak kaselerde servis yapın ve ayrılmış pancetta ve biraz daha Parmesan serpin.

**73.** <u>Nduja ve Kiraz Domatesli Linguine Vongole</u>

4 kişilik

İÇİNDEKİLER:
- 200ml sek beyaz şarap
- 1,5 kg istiridye, durulanmış ve kapalı olanlar atılmış
- 3 yemek kaşığı zeytinyağı
- 2 muz arpacık, soyulmuş ve ince doğranmış
- 6 diş sarımsak, soyulmuş ve ince dilimlenmiş
- 80g nduja sosisi
- 250 gr baby erik domates, ikiye bölünmüş
- 400g linguine
- 2 avuç dolusu ince kıyılmış yassı yaprak maydanoz, artı servis için ekstra
- Deniz tuzu ve taze çekilmiş karabiber

talimatlar:

a) Sıkıca kapanan bir kapağı olan bir tencereyi, dumanı tütene kadar yüksek ateşte yerleştirin. Bu arada, bir süzgeci muslin veya yeni bir J-bezi ile hizalayın ve başka bir kefenin üzerine oturtun.

b) Şarabı tütsüleme tavasına dökün, istiridyeleri ekleyin, ardından kapağı kapatın ve istiridyeler açılana kadar 3-4 dakika pişirin. Hazırlanan kevgirden süzün.

c) Orta ateşte büyük bir sote tavası koyun, zeytinyağı ve arpacık ekleyin ve 2 dakika pişirin. Sarımsağı ekleyin ve 2 dakika daha pişirin.

d) Isıyı artırın, ndujayı ekleyin ve bir kaşıkla parçalayın. 2 dakika daha pişirin, ardından midye likörünü dökün ve domatesleri eklemeden önce 5 dakika pişirin.

e) Bir su ısıtıcısını kaynatın, ardından bir tencereye dökün, tuz ekleyin ve tekrar kaynatın. Makarnayı ekleyin ve 10 dakika veya al dente olana kadar pişirin.

f) Sos kaynarken ve makarna pişerken, bir düzine kadar istiridye hariç tüm eti seçin.

g) Makarna hazır olduğunda, pişirme suyunu ayırarak bir kevgir içinde süzün. Makarnayı, ayırdığınız sudan bir kepçe dolusu, istiridye eti ve maydanozla birlikte sosa ekleyin. Makarnayı sosla kaplamak için tavayı iyice sallayın.

h) Tatmak için baharatlayın, ardından sıcak kaselerde servis yapın, kabuklarındaki istiridyeler ve biraz ekstra maydanozla süsleyin.

## 74. Yengeç ve Kabak Spagetti

2 kişilik
- 200 gr spagetti
- 2 yemek kaşığı zeytinyağı
- 1 muz arpacık, soyulmuş ve ince doğranmış
- 3 diş sarımsak, soyulmuş ve ince dilimlenmiş
- 1 uzun kırmızı biber, daha hafif bir vuruş istiyorsanız, ince doğranmış
- 50 ml sek beyaz şarap
- 300 gr kabak, rendelenmiş veya jülyen doğranmış
- 50 gr kahverengi yengeç eti
- 100g taze krema
- 150 gr beyaz yengeç eti
- 1 limon kabuğu rendesi ve
- 2 yemek kaşığı iri kıyılmış dereotu
- 40 gr tereyağı, küp doğranmış
- Deniz tuzu ve taze çekilmiş karabiber

talimatlar:
a) Kaynamaya bir su ısıtıcısı getirin. Bir tencereye dökün, tuzlayın ve tekrar kaynatın. Makarnayı ekleyin ve 10 dakika veya al dente olana kadar pişirin.
b) Bu arada, orta-yüksek ateşte büyük, yapışmaz bir sote tavası yerleştirin ve yağı ekleyin. Sıcakken arpacık soğanı ekleyin ve 2 dakika pişirin.
c) Sarımsak ve kırmızı biberi ekleyip 2 dakika daha pişirin. Beyaz şarabı dökün, ardından ısıyı yükseğe çıkarın ve şarap yarı yarıya azalana kadar pişirin.
d) Kabakları, kahverengi yengeç etini ve taze kremayı ekleyin ve iyice karıştırın.
e) Suyunu ayırarak spagettiyi süzün. Makarnayı, pişirme suyundan yarım kepçe, beyaz yengeç eti, limon kabuğu rendesi, dereotunun yarısı ve tereyağı ile birlikte sote tavasına ekleyin ve 1 dakika pişirin. Sosla iyice kaplandığından emin olmak için makarnayı atın ve tadına göre baharatlayın.
f) Kalan dereotu serpilerek kaselerde servis yapın.

## 75. Kahverengi Tereyağı, Bezelye ve Adaçayı ile Farfalle

4 kişilik

## İÇİNDEKİLER:
- 400 gr irmik
- 250 gr taze bezelye
- 80g Parmesan peyniri, rendelenmiş, artı servis için ekstra
- Deniz tuzu ve taze çekilmiş karabiber
- Kahverengi tereyağı için
- 200 gr tereyağı
- Büyük bir avuç adaçayı yaprağı
- 3 diş sarımsak, soyulmuş ve ince kıyılmış

talimatlar:
a) Kaynamaya bir su ısıtıcısı getirin. Bir tencereyi yarısına kadar doldurun, tuzlayın ve tekrar kaynatın. (Suyun olabildiğince nişastalı hale gelmesi için makarnayı kaplayacak kadar su eklemek önemlidir.) Makarnayı ekleyin, iyice karıştırın ve 10 dakika veya al dente olana kadar pişirin.
b) Bu sırada tereyağını sote tavasına alın ve yüksek ateşte kızdırın. Kahverengileşmeye başladığında ocaktan alın, adaçayı yapraklarını ve sarımsağı ekleyin ve iyice karıştırın.
c) Pişirme suyunu ayırarak makarnayı süzün.
d) Tavaya ayırdığınız sudan bir kepçe alıp bezelyeleri ekleyin. Tavayı tekrar ocağa alın ve sürekli karıştırarak 1-2 dakika pişirin.
e) Makarna ve Parmesan ekleyin ve iyice karıştırın. Gerekirse biraz daha makarna suyu ekleyin ve tadına bakın.
f) Biraz karabiber ve üzerine serpilmiş ekstra Parmesan ile sıcak kaselerde servis yapın.

## 76. Çam Fıstıklı Porcini Tagliatelle

2 kişilik

**İÇİNDEKİLER:**
- 15 gr kurutulmuş beyaz mantar
- 200g tagliatelle
- 30 gr çam fıstığı
- 1 yemek kaşığı zeytinyağı
- 60 gr tereyağı
- 1 muz arpacık, soyulmuş ve ince doğranmış
- 2 diş sarımsak, soyulmuş ve ince kıyılmış
- 100 ml sek beyaz şarap
- 200 gr taze mantar, ideal olarak porcini veya yabani mantarlar, ince dilimlenmiş
- 2 yemek kaşığı ince kıyılmış tarhun
- 25g Parmesan peyniri, ince rendelenmiş, artı servis için ekstra
- 1 yemek kaşığı düz yaprak maydanoz, kabaca doğranmış
- 3 yemek kaşığı taze krema
- Deniz tuzu ve taze çekilmiş karabiber

talimatlar:
a) Kaynamaya bir su ısıtıcısı getirin. Kurutulmuş porcini'yi ısıya dayanıklı küçük bir kaseye koyun ve üzerlerini örtecek kadar kaynar su ekleyin. Üzerini streç filmle kapatıp kenara alın.
b) Kalan kaynar suyu bir tencereye dökün, biraz tuz ekleyin ve tekrar kaynatın. Makarnayı ekleyin ve 7–10 dakika veya al dente olana kadar pişirin.
c) Bu arada çam fıstığını kuru bir tavaya koyun ve orta ateşte tavayı hafifçe kızarana kadar sallayın. Gerekene kadar bir kenara koyun.
d) Zeytinyağını ve tereyağının yarısını bir sos tavasına alın ve kısık ateşte ısıtın. Tereyağı eriyince arpacık soğanı ekleyin ve 2-3 dakika hafifçe pişirin. Sarımsağı ekleyin ve 2 dakika daha hafifçe pişirin.
e) Isıyı yükseğe yükseltin, beyaz şarabı ekleyin ve yarı yarıya azaltın.

f) Islatılmış porçinideki sıvıyı doğrudan tavaya süzün, ardından hidratlı mantarları kabaca doğrayın ve onları da ekleyin. Sıvı yarı yarıya azaldığında taze mantarları ve tarhunları ekleyin ve mantarlar yumuşayıncaya kadar iyice karıştırın.

g) Suyunu ayırarak makarnayı süzün. Makarnayı mantar karışımına ekleyin, ardından Parmesan, maydanoz ve kalan tereyağını ve gerekirse ayrılmış suyun bir kısmını ekleyin.

h) Makarnayı istediğiniz gibi baharatlayın, krema fraîche ile karıştırın ve ekstra Parmesan ve çam fıstığı serpiştirerek kaselere servis edin.

77. Hindi Köfteli Safranlı Orzo

4 kişilik

**İÇİNDEKİLER:**
- 500 gr kıyma hindi but eti
- 40g Parmesan peyniri, ince rendelenmiş, artı servis için ekstra
- 3 yemek kaşığı düz yaprak maydanoz, ince kıyılmış
- 1 limon kabuğu rendesi ve
- 1 yumurta, hafifçe çırpılmış
- 50 gr taze galeta unu
- 50 gr sade un
- 1 yemek kaşığı zeytinyağı
- 220ml tavuk suyu
- Deniz tuzu ve taze çekilmiş karabiber
- Safran orzo için
- 80 gr tereyağı
- 2 muz arpacık, soyulmuş ve ince doğranmış
- 2 diş sarımsak, soyulmuş ve ince kıyılmış
- Bir tutam öğütülmüş safran
- 1 litre tavuk suyu
- 400g orzo
- 2 yemek kaşığı ince kıyılmış kekik yaprağı
- 20 gr Parmesan peyniri, ince rendelenmiş

talimatlar:
a) Kıyılmış hindi, Parmesan, maydanoz, limon kabuğu rendesi, yumurta ve galeta ununu geniş bir kaseye koyun ve tuz ve karabiberle tatlandırın. İyice karıştırın ve 24 adet ceviz büyüklüğünde köfteye bölün. Gerekene kadar buzdolabına koyun.
b) Orzo yapmak için, orta ateşte büyük bir sote tavada tereyağının yarısını eritin. Arpacık soğanları ekleyin ve 2 dakika pişirin, ardından sarımsağı ekleyin ve 2 dakika daha pişirin.
c) Safranı ve bir litre suyu ekleyin ve kaynatın. Orzoya dökün ve ara sıra karıştırarak 10 dakika veya al dente olana kadar pişirin.
d) Köfteleri buzdolabından çıkarın ve her birini hafifçe una bulayın. Büyük, yapışmaz bir kızartma tavasını yüksek ateşte yerleştirin.

Sıcakken zeytinyağını dökün, köfteleri ekleyin ve her tarafı kızarana kadar pişirin.

e) 220 ml'lik suyu tavaya dökün, kaynama noktasına getirin ve köfteleri 5 dakika daha veya tamamen pişene ve sos koyulaşana kadar hafifçe pişirin.

f) Orzo hazır olduğunda kekik ekleyin, ardından Parmesan ve kalan 40 gr tereyağını ekleyin. Tatmak için baharatlayın ve hindi köfteleri ve üstüne biraz ekstra Parmesan ile sıcak kaselerde servis yapın.

78. Kore Usulü Karides Kızarmış Pilav

4 kişilik
**İÇİNDEKİLER:**
- 2 yumurta, hafifçe çırpılmış
- 2 yemek kaşığı bitkisel yağ
- 2 yemek kaşığı susam yağı
- 400 gr soyulmuş çiğ kaplan karidesi, uzunlamasına ikiye bölünmüş
- 2 yemek kaşığı gochujang biber salçası
- 3 x 250g paket hazır pişirilmiş uzun taneli ve yabani pirinç
- 2 yemek kaşığı soya sosu
- 1 yemek kaşığı balık sosu
- 2 avuç dolusu kuru fasulye
- 150 gr dondurulmuş bezelye
- Deniz tuzu ve öğütülmüş beyaz biber
- Hizmet etmek
- 100 gr kimchi, kabaca doğranmış
- 1 çay kaşığı siyah susam
- Büyük avuç çıtır çıtır kızarmış soğan (süpermarketlerden temin edilebilir)
- 4 taze soğan, kesilmiş ve açılı olarak ince dilimlenmiş
- Sriracha biber sosu

talimatlar:

a) Büyük, yapışmaz bir wok tavayı yüksek ateşe koyun. Yumurtaları tuz ve beyaz biberle tatlandırın.

b) İki yağın yarısını tavaya ekleyin, kaplamak için çevirin ve ardından yumurtaları dökün. 1 dakika pişirin, hafifçe karıştırarak parçalara ayırın, ardından bir tabağa kaydırın.

c) Wok'u yüksek ısıya getirin. Sıcakken kalan yağları, ardından karidesleri ekleyin ve 1-2 dakika karıştırarak kızartın. Gochujang hamurunu ekleyin ve iyice karıştırın.

d) Pirinç, soya sosu ve balık sosu ekleyin ve 2-3 dakika daha karıştırarak kızartın. Yumurtaları tavaya geri koyun, fasulye filizlerini ve bezelyeyi ekleyin, ardından 2-3 dakika daha karıştırarak kızartın.

e) Pirinci kimchi, susam tohumları, çıtır kızarmış soğan, taze soğan ve biraz sriracha ile süslenmiş sıcak kaselerde servis edin.

# SALATALAR VE YANLAR

## 79. yeşil fasulye ile lahanası

## İÇİNDEKİLER:
- 600 gr brüksel lahanası, dörde bölünmüş ve kesilmiş.
- 600 gr yeşil fasulye.
- 1 yemek kaşığı zeytinyağı.
- Kabuğu ve suyu 1 limon.
- 4 yemek kaşığı kavrulmuş çam fıstığı.

## TALİMATLAR:
a) Birkaç saniye pişirin, ardından sebzeleri ekleyin ve filizler biraz renk alana kadar 3-4 dakika karıştırarak kızartın.

b) Tatmak için bir miktar limon suyu ve tuz ve karabiber ekleyin.

## 80. mantarlı pilav

2 yapar

**İÇİNDEKİLER:**
- 1 su bardağı kenevir tohumu
- 2 Yemek Kaşığı Hindistan cevizi yağı
- 3 orta boy Mantar, küçük doğranmış
- ¼ bardak Dilimlenmiş Badem
- ½ su bardağı Sebze Suyu
- ½ çay kaşığı Sarımsak Tozu
- ¼ çay kaşığı Kuru Maydanoz
- Tatmak için biber ve tuz

**TALİMATLAR:**

a) Hindistan cevizi yağını bir tavada orta ateşte ısıtın ve kaynamaya bırakın. Tava köpürmeye başlayınca dilimlenmiş bademleri ve mantarları tavaya ekleyin.

b) Mantarlar yumuşadıktan sonra kenevir tohumlarını tavaya ekleyin. Her şeyi iyice karıştırın.

c) Et suyunu ve baharatları ekleyin.

d) Isıyı orta-düşük seviyeye düşürün ve et suyunun ıslanmasına ve kaynamasına izin verin.

## 81. Kızarmış lahana filizi

2 yapar

**İÇİNDEKİLER:**
- ½ torba Kale Lahanası
- Kızartma Yağı
- Tatmak için biber ve tuz

**TALİMATLAR:**
a) Fritözde, yağı sıcak olana kadar ısıtın.
b) Lahana filizlerini fritöz sepetine yerleştirin.
c) Soğanın kenarları kızarana ve yapraklar koyu yeşil olana kadar lahana filizlerini pişirmeye devam edin.
d) Sepetten çıkarın ve fazla yağı kağıt havluların üzerine boşaltın.
e) Tatmak ve tadını çıkarmak için tuz ve karabiber ekleyin!

## 82. ızgara sebzeler

6 porsiyon yapar

**İÇİNDEKİLER:**
- 2 orta boy kabak
- 8 ons mantar
- 2 dolmalık biber
- 4 yemek kaşığı avokado yağı
- ½ çay kaşığı kurutulmuş kekik
- ½ çay kaşığı kuru fesleğen
- ¼ çay kaşığı sarımsak tozu
- ½ çay kaşığı kurutulmuş biberiye

**TALİMATLAR:**

a) Yağı kuru baharatlarla birleştirin. Bir tutam tuz ve karabiber ekleyin.

b) Sebzeleri turşuyla atın ve barbeküyü ısıtırken 10 dakika veya daha fazla bekletin.

c) Sebzeleri oldukça sıcak bir ateşte kızartın. Sebzeleri yumuşayana kadar pişirin ve servis yapın!

83. Karışık Yeşil Salata

1 yapar

İÇİNDEKİLER:
salata
- 2 ons Karışık Yeşiller
- 3 yemek kaşığı kavrulmuş çam fıstığı veya badem
- 2 yemek kaşığı tercih edilen bir sos
- 2 yemek kaşığı traşlanmış Parmesan
- 1 avokado, çekirdeği ve derisi çıkarılıp dilimlenmiş
- Tatmak için biber ve tuz

TALİMATLAR:
a)   Servis etmek için: Yeşillikleri çam fıstığı ve salata sosuyla karıştırın.
b)   Tuz ve karabiberle tatlandırın ve parmesan rendesi ile süsleyin.
c)   Eğlence.

## 84. Tofu ve bok choy salatası

3 yapar

## İÇİNDEKİLER:
- 15 ons Ekstra Sert Tofu
- 9 ons Bok Choy

**turşusu**
- 1 yemek kaşığı soya sosu
- 1 yemek kaşığı Susam Yağı
- 1 yemek kaşığı Su
- 2 çay kaşığı Kıyılmış Sarımsak
- Meyve Suyu ½ Limon

**Sos**
- 1 sap Yeşil Soğan
- 2 yemek kaşığı Kişniş, doğranmış
- 3 Yemek Kaşığı Hindistan Cevizi Yağı
- 2 yemek kaşığı soya sosu
- 1 yemek kaşığı Sriracha
- 1 yemek kaşığı Fıstık Ezmesi
- Meyve suyu ½ limon
- 7 damla Sıvı Stevia

## TALİMATLAR:
a) Fırını 350 derece Fahrenheit'e önceden ısıtın.
Tüm marine malzemelerini bir karıştırma kabında (soya sosu, susam yağı, su, sarımsak ve limon) birleştirin.

b) Tofuyu kareler halinde kesin ve marine ile plastik bir torbada birleştirin. 10 dakika veya daha uzun süre marine edin.

c) Tofu'yu çıkarın ve bir fırın tepsisinde 15 dakika pişirin.
Bir karıştırma kabında, tüm sos malzemelerini birleştirin.

d) Tofuyu fırından çıkarın ve tofu, bok choy ve sosu bir salata kasesinde birleştirin.

## 85. Tay kinoa salatası

**Salata için:**
- ½ su bardağı pişmiş kinoa Ben kırmızı ve beyaz karışımı kullandım.
- 3 yemek kaşığı rendelenmiş havuç.
- 2 yemek kaşığı kırmızı biber, dikkatlice dilimlenmiş.
- 3 yemek kaşığı salatalık, ince dilimlenmiş.
- Dondurulmuşsa, ½ fincan edamame buzu çözülmüş.
- 2 taze soğan, ince kıyılmış.
- ¼ fincan kırmızı lahana, ince dilimlenmiş.
- 1 yemek kaşığı kişniş, dikkatlice kıyılmış.
- 2 yemek kaşığı kavrulmuş fıstık, kıyılmış (isteğe bağlı).
- Tuz tatmak için.

**Tay Fıstık Sosu:**
- 1 yemek kaşığı kremalı doğal fıstık ezmesi.
- 2 çay kaşığı az tuzlu soya sosu.
- 1 tatlı kaşığı pirinç sirkesi.
- ½ çay kaşığı susam yağı.
- ½ - 1 çay kaşığı sriracha sosu (isteğe bağlı).
- 1 diş sarımsak, dikkatlice kıyılmış.
- ½ çay kaşığı Rendelenmiş Zencefil.
- 1 tatlı kaşığı limon suyu.
- ½ çay kaşığı agave nektarı (veya bal).

**TALİMATLAR:**
a) Tay Fıstık sosu yapın:
Küçük bir kase takmak için tüm malzemeleri birleştirin ve iyice birleştirilene kadar karıştırın.
b) Salatayı yapmak için:
c) Kinoayı bir karıştırma kabında sebzelerle bütünleştirin. Pansumanı ekleyin ve bütünleşmesi için iyice karıştırın.
d) Üzerine kavrulmuş fıstık serpin ve servis yapın!

86. Soba Noodle, Kabak ve Kahverengi Karides Salatası

4 kişilik
**İÇİNDEKİLER:**
- 200 gr soba erіştesi
- Üzerine sürmek için yer fıstığı yağı
- 200g spiralize 'kabak' (yaklaşık 2 kabak)
- 150 gr pişmiş kahverengi karides
- 150 gr çeri domates, ikiye bölünmüş
- 25 gr frenk soğanı, ince kıyılmış
- 2 yemek kaşığı susam
- Tamari sosu için
- ½ çay kaşığı Dijon hardalı
- 1½ yemek kaşığı pirinç sirkesi
- 1 yemek kaşığı susam yağı
- 2 yemek kaşığı tamari soya sosu
- 1 yemek kaşığı mirin
- 50ml zeytinyağı
- 2 cm parça taze kök zencefil, soyulmuş ve rendelenmiş
- 1 diş sarımsak, soyulmuş ve ezilmiş
- Bir tutam deniz tuzu

talimatlar:
a) Bir su ısıtıcısını kaynatın, ardından büyük bir tencereye dökün. Orta-yüksek ateşte tekrar kaynama noktasına getirin, ardından soba erіştelerini ekleyin ve 4 dakika pişirin. Erişteleri hızlı bir şekilde soğutmak için soğuk su altında boşaltın ve durulayın. İyice süzün, ardından erіştelerin birbirine yapışmasını önlemek için biraz yer fıstığı yağı gezdirin.
b) Soğuyan erіşteleri geniş bir kaseye alın ve spiralize edilmiş kabağı, karidesleri, domatesleri ve frenk soğanı ekleyin.
Sosu yapmak için, tüm malzemeleri bir kaba koyun ve birleştirmek için çırpın.
c) Susam tohumlarını kuru bir tavada 2-3 dakika veya tavayı düzenli olarak sallayarak kızarana kadar kızartın.
Sosu salatanın üzerine dökün ve tüm malzemelerin iyice kaplandığından emin olmak için iyice karıştırın. Servis yapmadan önce üzerine kavrulmuş susam serpin.

87. Sarımsaklı Krutonlu Kale Sezar Salatası

4 kişilik

**İÇİNDEKİLER:**
- 1 büyük diş sarımsak, soyulmuş ve ezilmiş
- 3 yemek kaşığı zeytinyağı
- 2 yemek kaşığı düz yaprak maydanoz, ince kıyılmış
- 150 gr ekşi mayalı ekmek
- 1 yemek kaşığı bitkisel yağ
- 200g tütsülenmiş domuz pastırması
- 100 gr karışık lahana (varsa yeşil ve mor)
- 4 küçük taş marul
- 100 gr bebek kestane mantarı, ince dilimlenmiş
- ½ kırmızı soğan, soyulmuş ve ince dilimlenmiş
- zeytinyağında 8 hamsi
- 40 gr parmesan peyniri
- Deniz tuzu ve taze çekilmiş karabiber
- pansuman için
- 100 gr kaliteli Fransız mayonezi
- 1 büyük diş sarımsak, soyulmuş ve ezilmiş
- 20 gr Parmesan peyniri, ince rendelenmiş
- 1 çay kaşığı Dijon hardalı ½ limonun suyu
- Zeytinyağında 8 hamsi (isteğe bağlı)
- 1–2 yemek kaşığı su

talimatlar:
a) Fırını önceden 220°C/200°C Fanlı/Gazlı 7'ye ısıtın. Fırın tepsisini fırın kağıdıyla kaplayın.
b) Sarımsağı, zeytinyağını ve maydanozu bir kaseye alıp tuz ve karabiberle tatlandırıp iyice karıştırın.
c) Ekşi mayayı küçük parçalara ayırın ve sarımsaklı yağ ile kaseye koyun. İyice kaplanana kadar karıştırın, ardından ekmeği hazırlanan tepsinin üzerine yayın. Fırına koyun ve 8-10 dakika veya altın rengi kahverengi olana kadar pişirin.

d) Orta-yüksek ateşte büyük bir yapışmaz kızartma tavası yerleştirin. Sıcakken bitkisel yağı, ardından lardonları ekleyin ve 5-8 dakika veya çıtır çıtır olana kadar pişirin.

e) Bu arada sosu hazırlayın: mayonez, sarımsak, Parmesan, hardal ve limon suyunu bir kaseye koyun. Hamsileri doğrayın, kaseye ekleyin ve birleştirmek için karıştırın. Pansumanı gevşetmek için su ekleyin.

f) Lahanayı ısırık büyüklüğünde parçalara ayırın. Marulları kesin ve yapraklarını ayırın. Büyük yaprakları uzunlamasına ikiye kesin ve küçük yaprakları bütün tutun. Tüm yaprakları dilimlenmiş mantar ve kırmızı soğanla birlikte bir salata kasesine koyun.

g) Sosu salatanın üzerine dökün ve iyice karıştırın. Krutonları ve pastırma lardonlarını üzerine dağıtın, ardından kalan hamsileri uzunlamasına ikiye bölün ve (kullanıyorsanız) üstüne koyun. Servis yapmadan önce bir sebze soyucu kullanarak Parmesan'ı salatanın üzerine kazıyın.

## 88. Sıcak Patlıcan, Domates ve Burrata

4 kişilik

## İÇİNDEKİLER:
- 3 patlıcan, ayıklanmış ve 1 cm kalınlığında dilimlenmiş
- 4 yemek kaşığı zeytinyağı
- 850 gr eski domates, 1 cm kalınlığında dilimlenmiş
- 80 gr roka yaprağı
- 3 burrata
- Deniz tuzu
- pansuman için
- 60ml zeytinyağı
- 1 muz arpacık, soyulmuş ve ince doğranmış
- 2 diş sarımsak, soyulmuş ve ince doğranmış
- 3 dal biberiye, yaprakları toplanmış ve ince doğranmış
- 40 ml kırmızı şarap sirkesi
- ½ çay kaşığı biber gevreği (isteğe bağlı)
- Taze çekilmiş karabiber

talimatlar:
a) Bir ızgara tavasını yüksek ateşte yerleştirin.
b) Her patlıcan dilimini biraz zeytinyağı ile fırçalayın ve tuz serpin. Dilimlerden birkaçını yağ tarafı aşağı gelecek şekilde ızgaraya koyun, üstlerine biraz daha yağ sürün ve biraz daha tuz serpin. Her bir tarafını 2–3 dakika veya kömürleşip yumuşayana kadar pişirin. Kalan dilimlerle tekrarlayın.
c) Sosu için yağı küçük bir tencereye alın ve orta ateşte 2-3 dakika ısıtın. Tavaya eklenen bir parça arpacık hafifçe cızırdadığında yeterince sıcaktır. Ocağı kapatın, arpacık soğanı, sarımsağı ve biberiyeyi ekleyin ve iyice karıştırın. 2-3 dakika hafifçe pişmeye bırakın, ardından sirke ve pul biber (kullanılıyorsa) ekleyin ve tuz ve karabiber ekleyin.
d) Patlıcan dilimlerini ve domatesleri derin bir kaseye veya tabağa dizin. Her katmanı biraz sostan gezdirin, ardından roka serpin. Her bir burratayı ikiye bölün ve üstüne yerleştirin. Kalan sos ile gezdirin ve servis yapın.

## 89. Hellim, Kuşkonmaz ve Yeşil Fasulye Salatası

2 kişilik

**İÇİNDEKİLER:**
- 250 gr ayıklanmış ince yeşil fasulye
- 100 gr ince kuşkonmaz, ayıklanmış
- 250 gr hellim peyniri
- ½ çay kaşığı pul biber
- 1 yemek kaşığı zeytinyağı
- 200 gr çeri domates, ikiye bölünmüş
- 50 gr çekirdeksiz kalamata zeytin
- Küçük bir avuç bezelye filizi
- Deniz tuzu ve taze çekilmiş karabiber
- pansuman için
- 2 fesleğen dalı, yaprakları toplanmış
- 2 dal nane, toplanmış yapraklar
- 1 yemek kaşığı kırmızı şarap sirkesi
- 3 yemek kaşığı sızma zeytinyağı

talimatlar:

a) Bir su ısıtıcısını kaynatın, ardından bir tencereye dökün. Tuzla tatlandırın ve yüksek ateşte koyun. Tekrar kaynayınca fasulyeleri ekleyin ve 4 dakika pişirin, ardından kuşkonmazı ekleyin ve bir dakika daha pişirin. Pişirme işlemini durdurmak için sebzeleri büyük bir buzlu su kabına boşaltın ve yerleştirin.

b) Sosu yapmak için fesleğen ve nane yapraklarını sirke ve yağ ile küçük bir mutfak robotuna koyun. Tuz ve karabiber ekleyin ve pürüzsüz olana kadar karıştırın.

c) Hellimi yatay olarak ikiye bölün, böylece iki dikdörtgen elde edin. Her birine pul biber serpin.

d) Orta-yüksek ateşte yapışmaz bir kızartma tavası yerleştirin. Sıcakken, yağı ekleyin ve tabanı eşit şekilde kaplamak için hafifçe döndürün. Hellim dilimlerini biber tarafı aşağı gelecek şekilde tavaya koyun ve üzerine biraz daha kırmızı biber serpin. Her bir tarafını 2-3 dakika veya altın rengi kahverengi olana kadar pişirin.

e) Bu arada fasulyeleri ve kuşkonmazı süzün ve çeri domatesler ve sosun yarısı ile bir kaseye koyun. İyice karıştırın ve iki tabak arasında bölün. Üzerine hellimi yerleştirin.

f) Zeytinleri iyice ısınması için tavaya ekleyin ve ardından hellimin etrafına serpin. Kalan sosu gezdirin ve servis yapmadan önce birkaç bezelye filizi ile süsleyin.

## 90. Çırpılmış Keçi Peynirli Pancar Salatası

2 kişilik

**İÇİNDEKİLER:**
- 40 gr fındık
- 1 çiğ şeker pancarı
- 4 haşlanmış pancar
- ½ torba (60 gr) marketten alınmış pancar salatası karışımı
- pansuman için
- 1 yemek kaşığı şeri sirkesi
- 1 yemek kaşığı pancar suyu (isteğe bağlı)
- 1 çay kaşığı Dijon hardalı
- 3 yemek kaşığı sızma zeytinyağı
- Deniz tuzu ve taze çekilmiş karabiber
- Çırpılmış peynir için
- 100 gr yumuşak keçi peyniri
- 50 gr krem peynir
- ½ limon kabuğu rendesi
- 2 limon kekiği dalı, yaprakları toplanmış
- 1–2 çay kaşığı su

talimatlar:

a) Fırını 200°C/180°C Fan/Gaz 4'e önceden ısıtın.

b) Fındıkları küçük bir fırın tepsisine yayın ve 5-8 dakika veya koyu altın rengine dönene kadar fırına koyun.

Bu arada, tüm sos malzemelerini küçük bir kaseye koyun. Tuz ve karabiberle tatlandırın ve iyice çırpın.

c) Bir mandolin veya keskin bir bıçak kullanarak şeker pancarını çok ince dilimleyin, ardından yuvarlak bir pasta kesici (yaklaşık 6,5 cm çapında) kullanarak her dilimden bir daire çizin. Hafifçe turşu yapmak için halkaları pansumanın içine yerleştirin.

d) Fındıkları fırından çıkarın ve soğumaya bırakın.

Çırpılmış peynir malzemelerini bir tutam tuz ve karabiberle mutfak robotuna koyun. Pürüzsüz olana kadar karıştırın, gerekirse gevşetmek için biraz daha su ekleyin. Gerekene kadar buzdolabına koyun.

e) Pişen pancarları dörde bölün ve salata karışımıyla birlikte bir kaseye alın. Sosun yarısını ekleyin, baharatlayın ve iyice karıştırın, ardından iki tabağa bölün. Şeker pancarı dilimlerini sostan alın ve salatanın üzerine yerleştirin. Çırpılmış keçi peynirinden kaşıkla noktalayın ve kalan sosu kaşıkla üzerine dökün.

f) Bıçağınızın düz tarafını kullanarak, fındıkları bir doğrama tahtası üzerinde hafifçe kırılacak şekilde ezin. Servis yapmak için her tabağın üzerine biraz serpin.

## 91. Vietnam Köfte Şehriye Salatası

2 kişilik

**İÇİNDEKİLER:**
- 250 gr kıyma
- 2 çay kaşığı limon otu ezmesi
- 1 yemek kaşığı balık sosu
- 1 çay kaşığı beyaz şeker
- 1 diş sarımsak, soyulmuş ve ezilmiş
- 2 taze soğan, ayıklanmış ve ince doğranmış
- Bir tutam toz beyaz biber
- 1 yemek kaşığı bitkisel yağ
- salata için
- 100 gr pirinç şehriye erişte
- 1 büyük havuç, soyulmuş ve jülyen doğranmış
- ½ salatalık, jülyen doğranmış
- 2 avuç kuru fasulye
- 8 küçük taş marul yaprağı
- Taze nane ve kişniş yaprakları
- 20 gr tuzlanmış yer fıstığı, kabaca doğranmış
- pansuman için
- 30ml balık sosu
- 30ml pirinç sirkesi
- 1 yemek kaşığı pudra şekeri
- ½ limon suyu
- 1 diş sarımsak, soyulmuş ve ince kıyılmış
- 30ml su
- ½ kırmızı biber, daha hafif bir etki istiyorsanız çekirdekleri çıkarılmış, ince kıyılmış

talimatlar:
a) Domuz eti, limon otu ezmesi, balık sosu, beyaz şeker, ezilmiş sarımsak, taze soğan ve beyaz biberi bir kaseye koyun ve temiz ellerle iyice karıştırın. 12 eşit parçaya bölün, sonra her birini bir top haline getirin ve hafifçe düzleştirin. Bir tarafa koyun.

b) Kaynamaya bir su ısıtıcısı getirin. Erişteleri büyük, ısıya dayanıklı bir kaseye koyun ve üzerlerini örtecek kadar kaynar su dökün. 10 dakika bir kenarda bekletin.
c) Bu sırada havuç ve salatalığı hazırlayın.
d) Erişteler yumuşayınca süzün ve soğuyuncaya kadar soğuk akan su altında tutun. Tekrar boşaltın ve gerekene kadar bir kenara koyun.
e) Orta-yüksek ateşte büyük bir yapışmaz kızartma tavası yerleştirin ve bitkisel yağı ekleyin. Sıcakken köfteleri ekleyin ve her bir tarafını 2-3 dakika veya altın rengi kahverengi olana ve tamamen pişene kadar pişirin.
Köfteler haşlanırken sos malzemelerinin hepsini bir kaba alıp güzelce karıştırın.
f) Erişteleri iki servis kasesine bölün ve havuç, salatalık, fasulye filizi, marul yaprakları ve taze otları ekleyin. Pişen köfteleri üzerine yayın. Sosun bir kısmını salatanın üzerine dökün ve kalanını yanında servis edin. Servis yapmadan önce üzerine fıstık serpin.

## 92. Asya Ördeği Salatası

2 kişilik

**İÇİNDEKİLER:**
- 2 ördek göğsü
- 1 çay kaşığı Çin beş baharat tozu
- 6 turp, ince dilimlenmiş
- ⅓ salatalık, uzunlamasına ikiye bölünmüş ve açılı olarak dilimlenmiş
- 2 büyük avuç su teresi
- 2 avuç dolusu kuru fasulye
- 2 büyük avuç karışık salata yaprağı
- Küçük bir avuç kişniş yaprağı
- 1 çay kaşığı kavrulmuş susam
- 1 uzun kırmızı biber, daha hafif bir vuruş istiyorsanız çekirdekleri çıkarılmış, açılı olarak ince dilimlenmiş
- 2 taze soğan, sadece yeşil kısımlar, uzunlamasına ince dilimlenmiş
- Deniz tuzu ve taze çekilmiş karabiber
- pansuman için
- 1½ yemek kaşığı hoisin sosu
- 1 çay kaşığı soyulmuş ve rendelenmiş taze kök zencefil
- 1 yemek kaşığı susam yağı
- 1 yemek kaşığı pirinç sirkesi
- ½ limon suyu

talimatlar:
a) Fırını 200°C/180°C Fan/Gaz 6'ya önceden ısıtın.
b) Çok keskin bir bıçak kullanarak ördek göğsünün derisini önce bir yönde, sonra diğer yönde çapraz çizgilerle çizin, böylece baklava desenini elde edersiniz. Çin beş baharatını ovun, ardından her iki tarafını da tuz ve karabiberle baharatlayın.
c) Ördek göğüslerini derili tarafı alta gelecek şekilde yapışmaz, fırına dayanıklı bir tavaya koyun. Tavayı orta-yüksek ateşte yerleştirin ve 7 dakika veya yağ işlenene ve cilt gevrek ve altın rengi olana kadar pişirin.

d) Bu sırada turpları ve salatalığı su teresi, fasulye filizi, karışık salata yaprakları ve kişniş ile birlikte bir salata kasesine koyun. Tüm malzemeleri karıştırarak harcı hazırlayın.

e) Ördek göğüslerini ters çevirin ve kızartma tavasını 3-4 dakika fırına koyun. Ocaktan alıp 2-3 dakika dinlenmeye bırakın.

f) Sosun yarısını salata kasesine ekleyin ve iyice karıştırın. Salatayı iki servis tabağı arasında paylaştırın.

g) Ördeği kalın dilimler halinde kesin ve salatanın üzerine yerleştirin. Kalan sosu üzerine gezdirin ve servis yapmadan önce susam tohumları, kırmızı biber ve taze soğan serpin.

## 93. Sıcak Patates Salatası ile Tavada Somon

4 kişilik

## İÇİNDEKİLER:
- 700 gr yeni patates veya Charlotte veya Pink Fındık Elma gibi salata patatesleri
- ½ çay kaşığı tuz
- 1 defne yaprağı
- 2 dal kekik
- 5 karabiber
- 1 yemek kaşığı zeytinyağı
- 4 somon filetosu, derisi üzerinde
- 2 muz arpacık
- 2 yemek kaşığı dereotu
- 150g taze krema
- 2 yemek kaşığı pareil olmayan kapari
- Deniz tuzu ve taze çekilmiş karabiber
- Servis için limon dilimleri

talimatlar:
a) Bir su ısıtıcısını kaynatın, ardından bir tencereye dökün. Patatesleri, tuzu, defne yaprağını, kekik dallarını ve karabiberleri ekleyin, tencerenin kapağını kapatın ve kaynatın. Kaynattıktan sonra kapağı çıkarın, ısıyı azaltın ve 10-12 dakika veya tamamen pişene kadar pişirin.
b) Patatesler pişerken arpacık soğanları soyup ince ince doğrayın ve dereotunu doğrayın.
c) Patatesler piştikten sonra süzün ve biraz soğuması için bir doğrama tahtası üzerine koyun. Defne yaprağını, kekik dallarını ve karabiberleri atın.
d) Orta-yüksek ateşte büyük bir kızartma tavası yerleştirin ve zeytinyağını ekleyin. Somon filetolarını tuzla tatlandırın ve yağ kızınca derili tarafı alta gelecek şekilde tavaya ekleyin. 3-4 dakika

pişirin, sonra ters çevirin ve 1-2 dakika daha pişirin. Tavayı ocaktan alıp bir kenarda bekletin.

e) Elinizi korumak için temiz bir mutfak bezi kullanarak, sıcak patatesleri dilimleyin ve arpacık soğanı, dereotu, taze krema ve kapari ile bir kaseye koyun. Birleştirmek için karıştırın ve tuz ve karabiberle cömertçe baharatlayın.

f) Somon filetoları yanlarına limon dilimleri koyarak tabaklara koyun ve bol miktarda sıcak patates ekleyin. Yeşil salata ile servis yapın.

## 94. Dumanlı nohut ton balıklı salata

**nohut ton balığı:**
- 15 ons pişmiş nohut konservesi veya başka türlü.
- 2-3 yemek kaşığı sade yoğurt
- 2 çay kaşığı Dijon hardalı.
- ½ çay kaşığı öğütülmüş kimyon.
- ½ çay kaşığı füme kırmızı biber.
- 1 yemek kaşığı taze limon suyu.
- 1 kereviz sapı doğranmış.
- 2 taze soğan doğranmış.
- Tatmak için deniz tuzu.

**sandviç montajı:**
- 4 adet çavdar ekmeği veya filizlenmiş buğday ekmeği.
- 1 su bardağı bebek ıspanak.
- 1 avokado dilimlenmiş veya küp şeklinde doğranmış.
- Tuz + biber.

**TALİMATLAR:**
a) Nohutlu ton balıklı salatayı hazırlayın
Bir mutfak robotunda, nohutları kaba, ufalanan bir dokuya benzeyene kadar çekin. Nohutları orta büyüklükte bir kaseye alın ve aktif bileşenlerin geri kalanını ekleyin ve iyice birleşene kadar karıştırın. Kendi damak zevkinize göre bol miktarda deniz tuzu ekleyin.

b) sandviçini yap

c) Bebek ıspanağı her dilim ekmeğin üzerine katlayın; eşit şekilde dağılarak birkaç yığın nohut ton balıklı salata ekleyin. Üzerine avokado dilimleri, birkaç tane deniz tuzu ve yeni çekilmiş karabiber ekleyin.

# TATLILAR

## 95. Kişniş infüzyonlu avokado misket limonu şerbeti

4 yapar

## İÇİNDEKİLER:
- 2 Avokado (Çukur ve Kabuğu Çıkarılmış)
- ¼ su bardağı Eritritol, Toz
- 2 orta boy Misket Limonu, Suyu Sıkılmış ve Kabuğu Kabuğu Çıkarılmış
- 1 su bardağı hindistan cevizi sütü
- ¼ çay kaşığı Sıvı Stevia
- ¼ – ½ fincan Kişniş, Doğranmış

## TALİMATLAR:
a) Hindistan cevizi sütünü bir tencerede kaynatın. Kireç kabuğunu ekleyin.
b) Karışımı soğumaya bırakın ve ardından dondurun.
c) Bir mutfak robotunda avokado, kişniş ve limon suyunu birleştirin. Karışım tıknaz bir dokuya sahip olana kadar nabız atın.
d) Hindistan cevizi sütü karışımını ve sıvı steviayı avokadoların üzerine dökün. Karışımı uygun kıvama gelene kadar karıştırın. Bu görevi yapmak yaklaşık 2-3 dakika sürer.
e) Çözmek veya hemen servis yapmak için dondurucuya dönün!

## 96. Kiraz ve çikolatalı çörekler

12 yapar
**Kuru bileşenler**
- 3/4 su bardağı Badem Unu
- ¼ fincan Altın Keten Tohumu Küspesi
- 1 çay kaşığı Kabartma Tozu
- tutam tuz
- 10g bar Bitter Çikolata, parçalar halinde doğranmış

**ıslak malzemeler**
- 2 büyük Yumurta
- 1 çay kaşığı Vanilya Özü
- 2 ½ Yemek Kaşığı Hindistan Cevizi Yağı
- 3 Yemek Kaşığı Hindistan Cevizi Sütü

**TALİMATLAR:**
Büyük bir karıştırma kabında kuru malzemeleri (bitter çikolata hariç) birleştirin.

Islak malzemeleri karıştırın ve ardından bitter çikolata parçalarını ekleyin.

a) Çörek yapıcınızın fişini prize takın ve gerekirse yağlayın.

b) Hamuru çörek makinesine dökün, kapatın ve yaklaşık 4-5 dakika pişirin.

c) Isıyı düşük seviyeye indirin ve 2-3 dakika daha pişirin.

d) Hamurun geri kalanı için tekrarlayın ve ardından servis yapın.

## 97. rustik yazlık turta

4 ila 6 porsiyon yapar

## İÇİNDEKİLER:
- Yukon Altın patates, soyulmuş ve doğranmış
- 2 yemek kaşığı margarin
- ¼ fincan sade şekersiz soya sütü
- Tuz ve taze çekilmiş karabiber
- 1 yemek kaşığı zeytinyağı
- 1 orta boy sarı soğan, ince kıyılmış
- 1 orta boy havuç, ince kıyılmış
- 1 kereviz kaburga, ince kıyılmış
- 12 ons seitan, ince kıyılmış
- 1 su bardağı donmuş bezelye
- 1 su bardağı donmuş mısır taneleri
- 1 çay kaşığı kurutulmuş tuzlu
- ½ çay kaşığı kuru kekik

## TALİMATLAR:
a) Kaynayan tuzlu suda bir tencerede patatesleri yumuşayana kadar 15 ila 20 dakika pişirin.
b) İyice süzün ve tencereye geri dönün. Tatmak için margarin, soya sütü ve tuz ve karabiber ekleyin.
c) Patates ezici ile irice ezin ve kenara alın. Fırını 350 ° F'ye ısıtın.
d) Büyük bir tavada, yağı orta ateşte ısıtın. Soğan, havuç ve kerevizi ekleyin.
e) Örtün ve yumuşayana kadar yaklaşık 10 dakika pişirin. Sebzeleri 9 x 13 inçlik bir fırın tepsisine aktarın. Seitan, mantar sosu, bezelye, mısır, tuzlu ve kekiği karıştırın.
f) Tuz ve karabiberle tatlandırın ve karışımı fırın tepsisine eşit şekilde yayın.
g) Fırın tepsisinin kenarlarına yayılarak patates püresini üstüne koyun. Patatesler kızarana ve dolgu kabarcıklı olana kadar yaklaşık 45 dakika pişirin.
h) Hemen servis yapın.

**98. çikolata amaretto fondü**

4 Porsiyon yapar

**İÇİNDEKİLER:**
- 3 ons şekersiz kabartma çikolata
- 1 su bardağı yoğun krema
- 24 paket aspartam tatlandırıcı
- 1 yemek kaşığı şeker
- 1 çay kaşığı amaretto
- 1 çay kaşığı vanilya özü
- Çilek, porsiyon başına ½ fincan

**TALİMATLAR:**

a) Çikolatayı küçük parçalara ayırın ve krema ile birlikte 2'şer bardağa koyun.

b) Mikrodalgada çikolata eriyene kadar yaklaşık 2 dakika ısıtın. Karışım parlak olana kadar çırpın.

c) Karışım pürüzsüz olana kadar tatlandırıcı, şeker, amaretto ve vanilyayı ekleyin.

d) Karışımı bir fondü kabına veya servis kasesine aktarın. Daldırma için meyvelerle servis yapın.

## 99. Ahududu soslu turta

2 ila 4 porsiyon yapar

**İÇİNDEKİLER:**
- 1 su bardağı süt
- 1 su bardağı yarım buçuk
- 2 büyük yumurta
- 2 büyük yumurta sarısı
- 6 paket aspartam tatlandırıcı
- ¼ çay kaşığı koşer tuzu
- 1 çay kaşığı vanilya özü
- 1 su bardağı taze ahududu

**TALİMATLAR:**

a) Fırının alt üçte birindeki bir rafa 1 inç suyla doldurulmuş bir kızartma tavası yerleştirin.

b) Altı adet ½ inçlik ramekini yağlayın. Sütü ve yarım buçuk mikrodalgada yüksek (% 100 güç) 2 dakika veya ocakta orta boy bir tencerede ılık olana kadar ısıtın.

c) Bu arada, orta boy bir kapta yumurtaları ve yumurta sarılarını köpürene kadar çırpın.

d) Sıcak süt karışımını yavaş yavaş yumurtalara çırpın. Tatlandırıcı, tuz ve vanilyayı ekleyip karıştırın. Karışımı hazırlanan ramekinlere dökün.

e) Su dolu tencerelere koyun ve muhallebi sertleşene kadar yaklaşık 30 dakika pişirin.

f) Bulaşıkları kızartma tavasından çıkarın ve bir tel ızgara üzerinde oda sıcaklığına soğutun, ardından soğuyuncaya kadar yaklaşık 2 saat buzdolabında bekletin.

g) Sosu yapmak için ahududuları mutfak robotunda püre haline getirin. Tatmak için tatlandırıcı ekleyin.

h) Servis yapmak için, her muhallebinin kenarına bir kaşık gezdirin ve bir tatlı tabağına çevirin.

i) Muhallebinin üzerine coulis gezdirin ve kullanıyorsanız birkaç taze ahududu ve bir nane dalı ile bitirin.

## 100. Burbon içinde meyve topları

2 porsiyon yapar

**İÇİNDEKİLER:**
- ½ bardak kavun topları
- ½ su bardağı ikiye bölünmüş çilek
- 1 yemek kaşığı burbon
- 1 yemek kaşığı şeker
- ½ paket aspartam tatlandırıcı
- Süslemek için bir tutam taze nane

**TALİMATLAR:**

a) Kavun toplarını ve çilekleri bir cam tabakta birleştirin.

b) Burbon, şeker ve aspartam ile karıştırın.

c) Servis zamanına kadar örtün ve soğutun. Meyveleri tatlı tabaklarına paylaştırın ve nane yapraklarıyla süsleyin.

# ÇÖZÜM

Tebrikler, Meşgul Annenin Yemek Kitabı'nın sonuna geldiniz! Ailenizi en yoğun günlerde bile sağlıklı ve lezzetli öğünlerle beslemek için pratik çözümler sunan bu kitabın sizler için değerli bir kaynak olmasını diliyoruz.

Meşgul bir anne olarak, ailenizin beslenme ihtiyaçlarını karşılarken birçok sorumluluğunuzu dengelemek zor olabilir. Bu yemek kitabı, takip etmesi kolay, hazırlaması hızlı ve temel besinlerle dolu tariflerle sizi düşünerek tasarlandı.

Unutma, yemek yapmak bir angarya olmak zorunda değil. Eğlenceli ve yaratıcı bir çıkış noktası olabilir ve ailenize olan sevginizi lezzetli ve besleyici yemeklerle göstermenin bir yolu olabilir. Farklı malzemeler ve tat kombinasyonları denemenizi ve mümkün olduğunca çocuklarınızı pişirme sürecine dahil etmenizi öneririz.

Her şeyden önce, bu yemek kitabının hayatınızı kolaylaştırmaya ve yemek zamanlarınıza neşe katmaya yardımcı olduğunu umuyoruz. Sağlıklı ve lezzetli yiyeceklerin herkes tarafından erişilebilir olması gerektiğine inanıyoruz ve bu tarif koleksiyonunu sizinle paylaşmaktan gurur duyuyoruz.

The Her şey meşgul anneler yemek kitabi's Her şey meşgul anneler yemek kitabi seçtiğiniz için teşekkür ederiz ve mutlu yemekler!

Ingram Content Group UK Ltd.
Milton Keynes UK
UKHW020624210623
423802UK00010B/83